防范化解
意识形态领域重大风险

王华 著

图书在版编目（CIP）数据

防范化解意识形态领域重大风险 / 王华著．--北京：国家行政学院出版社，2020.10（2025.6重印）

（防范化解重大风险丛书）

ISBN 978-7-5150-2493-6

Ⅰ.①防… Ⅱ.①王… Ⅲ.①中国共产党-领导干部-思想政治教育-学习参考资料 Ⅳ.①D261.1

中国版本图书馆 CIP 数据核字（2022）第 048354 号

书　　名	防范化解意识形态领域重大风险 FANGFAN HUAJIE YISHI XINGTAI LINGYU ZHONGDA FENGXIAN	
作　　者	王　华　著	
责任编辑	王　莹　李瑞琪	
出版发行	国家行政学院出版社 （北京市海淀区长春桥路 6 号　100089）	
综 合 办	（010）68928887	
发 行 部	（010）68928866	
经　　销	新华书店	
印　　刷	中煤（北京）印务有限公司	
版　　次	2020 年 11 月北京第 1 版	
印　　次	2025 年 6 月北京第 12 次印刷	
开　　本	170 毫米×240 毫米　16 开	
印　　张	11	
字　　数	138 千字	
定　　价	39.00 元	

本书如有印装问题，可联系调换，联系电话：（010）68929022

《防范化解重大风险丛书》编委会

主　任：李　季

成　员（以姓氏笔画排序）：

马宝成　　尹光辉　　闪淳昌
刘　钊　　刘铁民　　刘跃进
杜正艾　　杨永斌　　陆小华
夏诚华　　高小平　　曾　光
薛　澜

我们在集中精力进行经济建设的同时，一刻也不能放松和削弱意识形态工作。在这方面，我们有过深刻教训。一个政权的瓦解往往是从思想领域开始的，政治动荡、政权更迭可能在一夜之间发生，但思想演化是个长期过程。思想防线被攻破了，其他防线就很难守住。我们必须把意识形态工作的领导权、管理权、话语权牢牢掌握在手中，任何时候都不能旁落，否则就要犯无可挽回的历史性错误。

——习近平

坚持底线思维，
着力防范化解重大风险*

习近平

2019年1月21日

坚持以新时代中国特色社会主义思想为指导，全面贯彻落实党的十九大和十九届二中、三中全会精神，深刻认识和准确把握外部环境的深刻变化和我国改革发展稳定面临的新情况新问题新挑战，坚持底线思维，增强忧患意识，提高防控能力，着力防范化解重大风险，保持经济持续健康发展和社会大局稳定，为决胜全面建成小康社会、夺取新时代中国特色社会主义伟大胜利、实现中华民族伟大复兴的中国梦提供坚强保障。

当前，我国形势总体上是好的，党中央领导坚强有力，全党"四个意识"、"四个自信"、"两个维护"显著增强，意识形态领域态势积极健康向上，经济保持着稳中求进的态势，全国各族人民同心同德、斗志昂扬，社会大局保持稳定。

面对波谲云诡的国际形势、复杂敏感的周边环境、艰巨繁重的改革发展稳定任务，我们必须始终保持高度警惕，既要高度警惕"黑天鹅"事件，也要防范"灰犀牛"事件；既要有防范风险的先手，也要有应对和化解风险挑战的高招；既要打好

---

* 这是习近平在省部级主要领导干部坚持底线思维着力防范化解重大风险专题研讨班开班式上的讲话要点。《习近平谈治国理政》第3卷，外文出版社2020年版，第219页。

防范和抵御风险的有准备之战，也要打好化险为夷、转危为机的战略主动战。

各级党委和政府要坚决贯彻总体国家安全观，落实党中央关于维护政治安全的各项要求，确保我国政治安全。要持续巩固壮大主流舆论强势，加大舆论引导力度，加快建立网络综合治理体系，推进依法治网。要高度重视对青年一代的思想政治工作，完善思想政治工作体系，不断创新思想政治工作内容和形式，教育引导广大青年形成正确的世界观、人生观、价值观，增强中国特色社会主义道路、理论、制度、文化自信，确保青年一代成为社会主义建设者和接班人。

当前我国经济形势总体是好的，但经济发展面临的国际环境和国内条件都在发生深刻而复杂的变化，推进供给侧结构性改革过程中不可避免会遇到一些困难和挑战，经济运行稳中有变、变中有忧，我们既要保持战略定力，推动我国经济发展沿着正确方向前进；又要增强忧患意识，未雨绸缪，精准研判、妥善应对经济领域可能出现的重大风险。各地区各部门要平衡好稳增长和防风险的关系，把握好节奏和力度。要稳妥实施房地产市场平稳健康发展长效机制方案。要加强市场心理分析，做好政策出台对金融市场影响的评估，善于引导预期。要加强市场监测，加强监管协调，及时消除隐患。要切实解决中小微企业融资难融资贵问题，加大援企稳岗力度，落实好就业优先政策。要加大力度妥善处理"僵尸企业"处置中启动难、实施难、人员安置难等问题，加快推动市场出清，释放大量沉淀资源。各地区各部门要采取有效措施，做好稳就业、稳金融、稳外贸、稳外资、稳投资、稳预期工作，保持经济运行在合理区间。

科技领域安全是国家安全的重要组成部分。要加强体系建设和能力建设，完善国家创新体系，解决资源配置重复、科研力量分散、创新主体功能定位不清晰等突出问题，提高创新体系整体效能。要加快补短板，建立自主创新的制度机制优势。要加强重大创新领域战略研判和前瞻部署，抓紧布局国家实验室，重组国家重点实验室体系，建设重大创新基地和创新平台，完善产学研协同创新机制。要强化事关国家安全和经济社会发展全局的重大科技任务的统筹组织，强化国家战略科技力量建设。要加快科技安全预警监测体系建设，围绕人工智能、基因编辑、医疗诊断、自动驾驶、无人机、服务机器人等领域，加快推进相关立法工作。

维护社会大局稳定，要切实落实保安全、护稳定各项措施，下大气力解决好人民群众切身利益问题，全面做好就业、教育、社会保障、医药卫生、食品安全、安全生产、社会治安、住房市场调控等各方面工作，不断增加人民群众获得感、幸福感、安全感。要坚持保障合法权益和打击违法犯罪两手都要硬、都要快。对涉众型经济案件受损群体，要坚持把防范打击犯罪同化解风险、维护稳定统筹起来，做好控赃控人、资产返还、教育疏导等工作。要继续推进扫黑除恶专项斗争，紧盯涉黑涉恶重大案件、黑恶势力经济基础、背后"关系网"、"保护伞"不放，在打防并举、标本兼治上下功夫。要创新完善立体化、信息化社会治安防控体系，保持对刑事犯罪的高压震慑态势，增强人民群众安全感。要推进社会治理现代化，坚持和发展"枫桥经验"，健全平安建设社会协同机制，从源头上提升维护社会稳定能力和水平。

当前，世界大变局加速深刻演变，全球动荡源和风险点增多，我国外部环境复杂严峻。我们要统筹国内国际两个大局、发展安全两件大事，既聚焦重点、又统揽全局，有效防范各类风险连锁联动。要加强海外利益保护，确保海外重大项目和人员机构安全。要完善共建"一带一路"安全保障体系，坚决维护主权、安全、发展利益，为我国改革发展稳定营造良好外部环境。

党的十八大以来，我们以自我革命精神推进全面从严治党，清除了党内存在的严重隐患，成效是显著的，但这并不意味着我们就可以高枕无忧了。党面临的长期执政考验、改革开放考验、市场经济考验、外部环境考验具有长期性和复杂性，党面临的精神懈怠危险、能力不足危险、脱离群众危险、消极腐败危险具有尖锐性和严峻性，这是根据实际情况作出的大判断。全党要增强"四个意识"、坚定"四个自信"、做到"两个维护"，自觉在思想上政治上行动上同党中央保持高度一致，自觉维护党的团结统一，严守党的政治纪律和政治规矩，始终保持同人民的血肉联系。中华民族正处在伟大复兴的关键时期，我们的改革发展正处在克难攻坚、闯关夺隘的重要阶段，迫切需要锐意进取、奋发有为、关键时顶得住的干部。党的十八大以来，我们取得了反腐败斗争压倒性胜利，但反腐败斗争还没有取得彻底胜利。反腐败斗争形势依然严峻复杂，零容忍的决心丝毫不能动摇，打击腐败的力度丝毫不能削减，必须以永远在路上的坚韧和执着，坚决打好反腐败斗争攻坚战、持久战。

防范化解重大风险，是各级党委、政府和领导干部的政治职责，大家要坚持守土有责、守土尽责，把防范化解重大风险工作做实做细做好。要强化风险意识，常观大势、常思大局，科学预见形势发展走势和隐藏其中的风险挑战，做到未雨绸缪。

要提高风险化解能力，透过复杂现象把握本质，抓住要害、找准原因，果断决策，善于引导群众、组织群众，善于整合各方力量、科学排兵布阵，有效予以处理。领导干部要加强理论修养，深入学习马克思主义基本理论，学懂弄通做实新时代中国特色社会主义思想，掌握贯穿其中的辩证唯物主义的世界观和方法论，提高战略思维、历史思维、辩证思维、创新思维、法治思维、底线思维能力，善于从纷繁复杂的矛盾中把握规律，不断积累经验、增长才干。要完善风险防控机制，建立健全风险研判机制、决策风险评估机制、风险防控协同机制、风险防控责任机制，主动加强协调配合，坚持一级抓一级、层层抓落实。

防范化解重大风险，需要有充沛顽强的斗争精神。领导干部要敢于担当、敢于斗争，保持斗争精神、增强斗争本领，年轻干部要到重大斗争中去真刀真枪干。各级领导班子和领导干部要加强斗争历练，增强斗争本领，永葆斗争精神，以"踏平坎坷成大道，斗罢艰险又出发"的顽强意志，应对好每一场重大风险挑战，切实把改革发展稳定各项工作做实做好。

目录

第一章　国家安全与意识形态领域风险　1

一、风险社会与国家安全责任 …………………………… 2
二、总体国家安全观：大安全时代的战略思想 ………… 6
三、从国家安全的视角看意识形态领域风险 …………… 10
四、防范化解意识形态领域风险的基本要求 …………… 12

第二章　意识形态领域风险分析：主要概念与研究框架　16

一、风险：复杂概念的逻辑梳理 ………………………… 17
二、意识形态：马克思主义的解释 ……………………… 22
三、意识形态领域主要的风险挑战 ……………………… 25
四、意识形态领域风险分析框架 ………………………… 32

第三章　意识形态领域主要风险源分析　37

一、网络技术风险：深度伪造 …………………………… 37
二、数据运用风险：剑桥分析 …………………………… 39
三、暗网运行风险：黑灰空间 …………………………… 44
四、负面过剩风险：信任冲击 …………………………… 46

五、谣言传播风险：舆论干扰⋯⋯⋯⋯⋯⋯⋯⋯⋯⋯⋯⋯ 53
　　六、信息生产逐利风险：公共争议⋯⋯⋯⋯⋯⋯⋯⋯⋯⋯ 60
　　七、西方传播效应风险：无形之手⋯⋯⋯⋯⋯⋯⋯⋯⋯⋯ 65

第四章　受众分析：技术与社会双重逻辑变迁的影响　74

　　一、普通公众：主客体身份在网络时代的变迁⋯⋯⋯⋯⋯ 76
　　二、青年分析：公共讨论与情感表达⋯⋯⋯⋯⋯⋯⋯⋯⋯ 82
　　三、社会心态：对主流意识形态的感知、接受与认同⋯⋯⋯ 84

第五章　意识形态领域：法规制度建设　88

　　一、意识形态责任制建设：坚持和巩固党的领导⋯⋯⋯⋯ 88
　　二、政务公开与信息发布：提高政府公信力⋯⋯⋯⋯⋯⋯ 92
　　三、网络空间立法：建设良好生态与反映真实民意⋯⋯⋯ 95
　　四、媒体职责与阵地建设⋯⋯⋯⋯⋯⋯⋯⋯⋯⋯⋯⋯⋯ 98

第六章　完善意识形态领域风险防控体系　103

　　一、价值维护：坚持党性和人民性的统一⋯⋯⋯⋯⋯⋯⋯ 103
　　二、体系协同：强化各方责任⋯⋯⋯⋯⋯⋯⋯⋯⋯⋯⋯ 107
　　三、制度优化：建立双重预防机制⋯⋯⋯⋯⋯⋯⋯⋯⋯ 112
　　四、主流舆论：高扬正能量⋯⋯⋯⋯⋯⋯⋯⋯⋯⋯⋯⋯ 117
　　五、网络管理：形成同心圆⋯⋯⋯⋯⋯⋯⋯⋯⋯⋯⋯⋯ 120

第七章　提高涉意识形态突发事件处置能力　124

　　一、把握政治方向：指导思想不动摇⋯⋯⋯⋯⋯⋯⋯⋯⋯ 125
　　二、强化风险意识：识别"灰犀牛"与"黑天鹅"⋯⋯⋯⋯ 129
　　三、坚持底线思维：防范风险链传导放大⋯⋯⋯⋯⋯⋯⋯ 132

四、统筹工作全局：发挥舆论正面作用 …………………… 135
五、提升处置能力：精准把握"时度效"要求 …………… 140
六、塑造国家形象：有效影响国际舆论 …………………… 145

结束语 ………………………………………………………… 150
后　记 ………………………………………………………… 152

第一章　国家安全与意识形态领域风险

党的十八大以来，习近平总书记将"增强忧患意识、防范化解重大风险"摆到了与"坚持和发展中国特色社会主义""推进党的建设新的伟大工程"同等重要的位置，要求全党"一以贯之"①，同时强调，"前进道路不可能一帆风顺，越是取得成绩的时候，越是要有如履薄冰的谨慎，越是要有居安思危的忧患，绝不能犯战略性、颠覆性错误"②。

风险，是我们这个时代的处境。一方面，就客观事实而言，人类的确遭遇了越来越多样、频发、复杂的突发事件，这些事件在发生之前，往往以"潜在未识别"或"现实可预见"的风险形式存在；另一方面，就主观认知而言，风险日益成为我们看待当下世界的一种战略思维框架和战略管理要素。毕竟，小到个人和组织、大到国家和世界，无一不存在发展进程被"内生"或"外来"不确定性因素威胁和破坏的可能性；同样，从具象的经济社会领域到抽象的思想文化领域，无一不面临随机出现的"灰犀牛"或"黑天鹅"③的影响与冲击。以这种辩证唯物

---

① 2018年1月5日，习近平总书记在新进中央委员会的委员、候补委员和省部级主要领导干部研讨班上提出"三个一以贯之"，即坚持和发展中国特色社会主义要一以贯之，推进党的建设新的伟大工程要一以贯之，增强忧患意识、防范风险挑战要一以贯之。

② 人民日报社评论部：《论学习贯彻习近平总书记"1·5"重要讲话》，人民出版社2018年版，第26—27页。

③ "灰犀牛"指我们应该看到却没有看到或没有给予应有重视的风险或危害，其发生概率极大、冲击力极强。"黑天鹅"指超出我们认知范围和想象力的事件，人们无法预知，也不会意识到它的存在，以致毫无准备、措手不及，其发生概率往往极低，但影响却是灾难性的。

主义的立场，客观认识中国发展道路上面临的各类风险挑战，增强忧患意识，做到居安思危，尽早在思想上、工作上和能力上做好准备，把握防范化解重大风险的战略主动权，不仅是我们党治国理政的一个重大原则，更是中国特色社会主义进入新时代的现实工作要求。

"我们的事业越前进、越发展，新情况新问题就会越多，面临的风险和挑战就会越多，面对的不可预料的事情就会越多。"① 新时代，中国改革发展稳定任务之重、矛盾风险挑战之多、治国理政考验之大都前所未有。要赢得优势、赢得主动、赢得未来，就必须立足于国家安全和社会安定，着眼于人民日益增长的美好生活需要，聚焦于重点风险领域，未雨绸缪、见微知著、防微杜渐。

就意识形态领域而言，历史和现实反复证明，能否做好意识形态工作，事关党的前途命运，事关国家长治久安，事关民族凝聚力和向心力。经济工作搞不好会出大问题，意识形态工作搞不好同样会出大问题；经济工作搞好了，意识形态搞不好也会出大问题。为此，必须以高度的理论自觉，深入认识共产党执政规律、社会主义建设规律、人类社会发展规律，统筹物质与精神、当前与长远、国际与国内、制度与过程、战略与战术、网上与网下等多个方面，从国家安全的高度来认识把握和防范化解意识形态领域风险。

一、风险社会与国家安全责任

风险是现代文明的"火山"。德国社会学家贝克（Ulrich Beck）从人类社会演进的历史视角，对现代文明做出注脚，强调风险是"技术—经济列车"飞速向前行驶的副产品，是现代社会的内在属性和核心

---

① 习近平：《关于"坚持和发展中国特色社会主义的几个问题"》，《求是》2019年第7期。

议题。① 如此下断语，不是因为前现代没有风险，而是因为前现代的风险概念在使用上主要体现为"个体"意义的冒险和勇气。只是到了现代社会，随着生产力的指数式增长，风险释放达到了前所未有的程度，风险才日益凸显为人类面临的"集体"威胁。②

20世纪中后期，欧洲福利国家的社会议题逐步发生变化。19世纪的"饥饿"问题被"超重"所取代，人们不再"为每天的面包"而斗争，"摆脱短缺与匮乏"也日益失去了紧迫性。大众曾热衷的领域"如何利用自然从传统的束缚中解放出来"，悄悄让位于风险，人们开始关心"工业化瓦解了生命的生态基础和自然基础"③。因为，其不可阻挡的步伐踩踏出的令人讨厌的"富余"，引发了大众的焦虑。"技术选择能力日益提高，而后果却愈发不可计算。"④ "化学污染""核辐射""食品添加剂""气候变化"等威胁人类安全的问题逐步成为公众批判的主题。由此，风险从传统走向现代，从默默无闻的小角落走到了时代的中央，成为社会运动、政府管理和历史前进的主宰与动力。

可以印证这一过程的，是20世纪70年代以来，一系列重大事故灾难、重大传染性疾病、重大恐怖袭击等冲击人们安全信念的事件接连发生，比如：拉夫运河事件（1978）、三里岛核事故（1979）、博帕尔毒气泄漏事件（1984）、切尔诺贝利核事故（1986）、疯牛病危机（1986）、东京地铁沙林毒气事件（1995）、美国"9·11"恐怖袭击

---

① 在贝克看来，现代社会是风险社会。这一论断的理论逻辑依托于20世纪中后期联邦德国的现实社会场景，这个场景被赋予"后"的含义，也称"后工业社会"。对此，贝克解释，"后"，是茫然无措、难以名状的超越之物，既为我们熟悉的事物命名，又加以否定，还反映出一种连续性。贝克的论证指出，19世纪的现代化是以农业社会为对象的，21世纪的现代化则是以工业社会为对象。前者是简单的现代化，后者是自反性现代化。后者的发展已经超越了经典工业时代的设想，消解了工业社会的轮廓，在现代性的延续性中，缔造出一种新的社会形态，即风险社会。
② 乌尔里希·贝克：《风险社会：新的现代性之路》，张文杰、何博闻译，译林出版社2018年版，第3页。
③ 乌尔里希·贝克：《风险社会：新的现代性之路》，张文杰、何博闻译，译林出版社2018年版，第91页。
④ 乌尔里希·贝克：《风险社会：新的现代性之路》，张文杰、何博闻译，译林出版社2018年版，第8页。

(2001)，等等。这些事件无论从致命危害、社会心理冲击、代际影响来看，还是从经济损失、国家信誉下滑、国际秩序变革等方面来看，引发的后果都屡屡刷新社会可承受记录。由于超大规模公众受到安全威胁，这些看似属于技术管理、资源管理和行政管理的事务获得了空前的"政治属性"。随着人类社会的日益风险化，"非常态"越来越成为"常态"，安全不再隐没于政治身后，而是一跃进入国家战略体系，成为政治追求的基本目标。

安全是一种"没有危险、不受威胁"的状态。"到底多安全才算安全"始终在公众、专家、媒体和管理者之间存在分歧。但是，规避、防范和控制风险，不让其转变为更大的灾祸，严重影响甚至中断一个组织、一个社区、一个地方、一个社会、一个国家、一个时代的发展进程，却在不同群体之间形成了基本共识。

"趋利避害""防范风险""两害相权取其轻"，是人与生俱来的天性。然而，个体是弱小的，唯有依靠家庭、氏族，相互组成部落、小民族，[1]创制政府、建立国家，才能真正形成保护自身安全的力量。由此，国家和政府有了自身的目的——维护公共安全、秩序与正义。[2]在现代社会，当风险以一种不同于传统社会、前现代社会的面目和形态重新出现时，公共安全便再次成为国家与社会共同面对的"首要议题"。

以历史唯物主义的眼光看中国，"不发展有不发展的问题，发展起来有发展起来的问题，而发展起来后出现的问题并不比发展起来前少，甚至更多更复杂了"[3]。一方面，公共安全是最基本的民生。公众对环境污染的敏感、对食药风险的警惕、对生命健康的关切，通过媒体和网络的传播、放大，时常以公共事件或公共议题的形式出现在公共空

---

[1] 恩格斯：《家庭、私有制和国家的起源》，中共中央马克思恩格斯列宁斯大林著作编译局编译，人民出版社2018年版，第115页。
[2] 莱斯利·里普森：《政治学的重大问题》，华夏出版社2001年版，第60页。
[3] 《习近平谈治国理政》第2卷，外文出版社2017年版，第82页。

间，引发公共讨论，形成舆论热点。人们日益关心"如何更安全、生活得更美好"。另一方面，国际社会正处于百年未有之大变局，国际秩序中的不确定、不稳定、不安全因素持续增多，全球性挑战更加严峻，外部安全形势更为复杂，需要我们高度警惕"黑天鹅"。把握国内国际"两个大局"的"两个大势"，确保国家安全成为当前中国发展的"头等大事"。

党的十九大报告对我国的时代方位做出重大战略判断："中国特色社会主义进入了新时代，我国社会主要矛盾已经转化为人民日益增长的美好生活需要和不平衡不充分的发展之间的矛盾。我国稳定解决了十几亿人的温饱问题，总体上实现小康，不久将全面建成小康社会，人民美好生活需要日益广泛，不仅对物质文化生活提出了更高要求，而且在民主、法治、公平、正义、安全、环境等方面的要求日益增长。"这里尤其提到了"安全需求"。安全需求是人民美好生活需要的重要组成部分，是当前我国社会主要矛盾的重要方面，是新时代国家治理的"重大关切"。

维护国家安全、公共安全、人民安全，是政权体系的基本职责，古今中外，概莫能外。从现代社会的历史逻辑来看，风险的客观存在更为显著；从主观建构的理论逻辑来看，风险是现代性的内在属性，是其"自反性"结果，是时代精神中的不安因素，从中国的实践逻辑来看，风险是国家治理的战略认知范式和底线思维框架，着眼于风险的根本目的在于维护国家安全和人民安全。

风险意识的关注点不在当下，而在未来。正是对于"未来"的风险意识，决定了我们当下的选择和行动。为了避免、缓解、预防未来可能发生的灾难和危机，我们需要提前做出战略规划、总体布局、制度安排和能力准备，是谓"有备无患"。亦应孙子所言："用兵之法，无恃其不来，恃吾有以待也；无恃其不攻，恃吾有所不可攻也。"

二、总体国家安全观：大安全时代的战略思想

安全与发展是党领导人民定国安邦、治国理政的两件大事。没有和平稳定的国际环境和安定团结的国内环境，发展就无从谈起。因此，安全是发展的前提，"没有安全就没有发展"。同样，没有经济社会军事科技文化等领域的进步与发展，安全也没有保障。所以，"不发展就是最大的不安全"。安全与发展是坚持和发展中国特色社会主义的一体两面，是实现"两个一百年"奋斗目标和中华民族伟大复兴中国梦的重要保障。因此，必须统筹国际与国内两个大局、现在与未来两个时空，维护国家发展利益和安全需求。

（一）总体国家安全观的提出

党的十八大以来，面对新的国家安全形势，党中央对国家安全做出顶层设计与战略部署。2013年11月，党的十八届三中全会做出决定，成立国家安全委员会，完善国家安全体制和国家安全战略，确保国家安全。2014年1月24日，中央政治局召开会议，研究决定中央国家安全委员会设置。2014年4月15日，习近平总书记主持召开中央国家安全委员会第一次会议，首次正式提出"总体国家安全观"。"总体国家安全观"系统阐述了新形势下我国国家安全工作需要回答和解决的一系列重大理论问题和实践问题，不仅指出"保证国家安全是头等大事"，而且强调"建立集中统一、高效权威的国家安全体制，加强对国家安全工作的领导"。与此同时，明确了国家安全观的基本内涵、指导思想和工作原则，为开创新时代国家安全工作新局面指明了方向。

2014年11月1日，第十二届全国人民代表大会常务委员会第十一次会议通过《中华人民共和国反间谍法》（以下简称《反间谍法》）。该法对1993年2月22日通过的《中华人民共和国国家安全法》（以下简称《国家安全法》）从名称到内容进行了全面修订，为在隐蔽战线上贯彻总体国家安全观、维护国家利益和社会政治稳定做出了具体的法律规定。《反间谍法》自公布之日起开始施行。同时，也废止了实施22年之久的原《国家安全法》。半年之后，2015年7月1日，第十二届全国人民代表大会常务委员会第十五次会议，以154票赞成、0票反对、1票弃权的结果，高票通过了新的《国家安全法》。

新的《国家安全法》立法指向非常明确，即维护国家安全的核心是维护国家核心利益和其他重大利益。有些国家称之为"生死攸关利益""极端重要利益"，包括生存、独立和发展等方面。该法第二条从"内容""状态"和"能力"三个维度定义了国家安全概念——"国家安全是指国家政权、主权、统一和领土完整、人民福祉、经济社会可持续发展和国家其他重大利益相对处于没有危险和不受内外威胁的状态，以及保障持续安全状态的能力"①。相应地，第三条强调了国家安全应当坚持的指导理念以及"各领域安全"在国家安全体系中的定位，即：国家安全应当坚持总体国家安全观，以人民安全为宗旨，以政治安全为根本，以经济安全为基础，以军事、文化、社会安全为保障，以促进国际安全为依托，维护各领域国家安全，构建国家安全体系，走中国特色国家安全道路。这些表明，随着国家经济社会的发展，新形势下维护国家安全的任务和要求已经发生重大变化。新时代的国家安全工作开创历程见表1-1。

表1-1　新时代的国家安全工作开创历程

时间	会议	内容
2013年11月12日	中国共产党十八届三中全会	成立国家安全委员会，完善国家安全体制和国家安全战略
2014年1月24日	中央政治局会议	研究决定中央国家安全委员会设置

---

① 《总体国家安全观干部读本》编委会编著：《总体国家安全观干部读本》，人民出版社2016年版，第257页。

续表

时间	会议	内容
2014年4月15日	中央国家安全委员会第一次会议	首次提出总体国家安全观
2014年11月1日	第十二届全国人民代表大会常务委员会第十一次会议	通过《中华人民共和国反间谍法》
2015年7月1日	第十二届全国人民代表大会常务委员会第十五次会议	颁布《中华人民共和国国家安全法》
2017年10月18日	中国共产党第十九次全国代表大会	提出"坚持总体国家安全观"是新时代坚持和发展中国特色社会主义的基本方略之一

新时代的国家安全工作，在经过建国初期——"以保卫新生社会主义政权、确保国家独立、维护国家主权和领土完整为首要任务"的基础上，又经过改革开放——"以强调发展的外部安全和内部稳定为主要任务"的发展阶段，当前进入新的时期。在这一时期，国家安全的空间进一步拓展，表现得也更为立体。正如习近平总书记所指出："当前我国国家安全内涵和外延比历史上任何时候都要丰富，时空领域比历史上任何时候都要宽广，内外因素比历史上任何时候都要复杂，必须坚持总体国家安全观。"①

2017年10月18日，中国共产党第十九次全国代表大会召开。习近平总书记在报告中指出："十八大以来，国内外形势变化和我国各项事业发展都给我们提出了一个重大时代课题，这就是必须从理论和实践结合上系统回答新时代坚持和发展什么样的中国特色社会主义、怎样坚持和发展中国特色社会主义。"② 与此同时，"坚持总体国家安全观"被列为新时代坚持和发展中国特色社会主义的基本方略之一。

---

① 习近平：《习近平谈治国理政》，外文出版社2014年版，第200页。
② 习近平：《决胜全面建成小康社会 夺取新时代中国特色社会主义伟大胜利——在中国共产党第十九次全国代表大会上的报告》，人民出版社2017年版，第18页。

（二）国家安全的内涵与外延

国家安全的内涵与外延，在总体国家安全观中得到了明确的概括，可以归纳为五大要素和五对关系。

五大要素包括：人民安全，政治安全，经济安全，军事、文化、社会安全和国际安全，其在国家安全架构中的定位分别是宗旨、根本、基础、保障和依托，这些清晰地表明了国家安全内在要素的基本逻辑关系。

以人民安全为宗旨，就是不断满足人民群众日益增长的安全需求，坚持国家安全一切为了人民、一切依靠人民，真正夯实国家安全的群众基础。以政治安全为根本，核心是制度安全和政权安全，最根本的就是维护党的领导，坚持中国特色社会主义道路，为国家安全提供根本政治保证。以经济安全为基础，根本是确保国家经济发展利益不受侵害，促进经济持续稳定健康发展，提高国家经济实力，为国家安全提供坚实的物质基础。以军事、文化、社会安全为保障，就是要注意这些领域面临的新情况新问题，遵循各自领域的特点和规律，建立完善强基固本、化险为夷的各项对策措施，为维护国家安全提供硬实力和软实力保障。以国际安全为依托，主要是注重维护本国安全利益，注重维护共同安全，推动建设持久和平、共同繁荣的和谐世界。

五对关系，强调十个重视。就是既重视外部安全，又重视内部安全，强调外部安全与内部安全彼此联系，相互影响；既重视国土安全，又重视国民安全，强调国土安全与国民安全之间存在统一性；既重视传统安全，又重视非传统安全，强调传统安全威胁与非传统安全威胁相互影响，并在一定条件下相互转化；既重视发展问题，又重视安全问题，强调发展和安全辩证统一，脱离安全谈发展，或脱离发展谈安全，两者均不可能实现；既重视自身安全，又重视共同安全，强调中国与世界密不可分。总体来看，这五对关系超越了传统安全理念，不再局限于以往的"小安全反间防谍"领域,也不完全局限于政治领域、经济领域,而是包含一切涉及国家核心利益和其他重大利益的领域,进一步突出"以人民安全为宗旨"这一内容。

国家安全要统筹上述五对关系,在不同领域有不同的工作要求。内部安全就是对内求发展、求变革、求稳定,建设平安中国;外部安全就是对外求和平、求共赢、建设和谐世界。强调国土安全和国民安全的统一性,就是坚持保障人民安全,坚持国家安全一切为了人民、一切依靠人民,真正夯实国家安全的群众基础。注重传统安全与非传统安全就是构建集政治安全、国土安全、军事安全、经济安全、文化安全、社会安全、科技安全、信息安全、生态安全、资源安全、核安全等于一体的国家安全体系。安全与发展不能分割,没有发展、没有富国、没有强兵,也就无法卫国护国。自身安全与世界安全需要推动世界各方朝着互利互惠、共同安全的目标相向而行。世上没有绝对安全的世外桃源,一国的安全不能建立在别国的动荡之上,他国的威胁也可能成为本国的挑战。"单则易折,众则难摧。"各国应该树立共同、综合、合作、可持续的安全观。

三、从国家安全的视角看意识形态领域风险

"真正的历史大动荡,并不是那些以其宏大而暴烈的场面让我们吃惊的事情。造成文明洗心革面的唯一重要的变化,是影响到思想、观念和信仰的变化。令人难忘的历史事件,不过是人类思想不露痕迹的变化所造成的可见后果而已。"这是法国社会心理学家古斯塔夫·勒庞(Gustave Le Bon)在《乌合之众》中开篇阐述的观点。他指出:"罗马帝国的衰亡和阿拉伯帝国的建立,乍看上去,似乎是由政治变化、外敌入侵或王朝倾覆决定的。但是对这些事件做些更为细致的研究,就会发现在它们的表面原因背后,可以普遍看到人民的思想所发生的

深刻变化。"

根据马克思主义的观点,思想、观念、概念、理论、哲学、宗教、道德等,都是意识的产物,而作为"形态"的意识,则是一种看得见、摸得着的思想理论体系。一个社会占统治地位的思想在每一个时代都是统治阶级的思想,"一定时代的革命思想的存在是以革命阶级的存在为前提的"。"每一个企图取代旧统治阶级的新阶级,为了达到自己的目的不得不把自己的利益说成是社会全体成员的共同利益,就是说,这在观念上的表达就是:赋予自己的思想以普遍性的形式,把它们描绘成唯一合乎理性的、有普遍意义的思想。进行革命的阶级,仅就它对抗另一个阶级而言,从一开始就不是作为一个阶级,而是作为全社会的代表出现的;它以社会全体群众的姿态反对唯一的统治阶级。"[①]这意味着意识形态不是抽象的、绝对的观念,而是有阶级属性或主体属性的。由此,意识形态在客观上也存在着差异和斗争。这种斗争不仅存在于阶级之间,也存在于立基在利益基础之上的"国家之间"。

2017年12月,特朗普政府发布了《美国国家安全战略》(*National Security Strategy of the United States of America*)报告。该报告指出,美国正面临一个极其危险的世界,一系列的威胁正越来越密集地显现,主要包括三个方面:一是中国和俄罗斯对其全球权力、影响力和利益的挑战;二是朝鲜和伊朗对美国及其盟友的威胁;三是恐怖主义和跨国犯罪对美国人民生命财产的损害。尽管这些挑战在性质和程度上各不相同,但本质上是事关人的"尊严与自由"和"强制与统一"之间的争夺(contest)。

该报告不仅把中国作为一个强有力的挑战者来为美国优先的国家安全战略(An America First National Security Strategy)辩护,而且将提高美国影响力作为保障国家安全的重要内容单列在第四部分重点

[①] 《马克思恩格斯选集》第1卷,人民出版社2012年版,第179、180页。

论述——一个支持美国利益、反映美国价值观的世界将使美国更为安全和繁荣。这部分的第三小节以"捍卫美国价值观"（Champion American Values）为主题，着重阐述了美国价值观的由来、内容及优先行动领域。其核心要义强调，对于世界上的大多数国家来说，美国自由是希望之光，美国将永远和那些寻求自由的人站在一起，将永远作为自由和机会的灯塔照亮世界。

可以说，美国2017年版的国家安全报告彻底推翻了其过去20年政策制定所立基的前提与假设，认为那些前提与假设是完全错误的。这表明，美国已经对自身的国家安全战略进行了"方向性的扭转"，国与国之间的竞争和博弈，包含经济的、科技的、政治的、意识形态的，有形的、无形的，硬实力、软实力，都已逐步展开。历史的环境创造了人们对于历史的认识，人们对于历史的认识也将创造历史。在21世纪第二个10年即将结束时，历史拉开了大国博弈的序幕。

从中国国家安全的视角看，来自意识形态领域的风险不可低估，它或是作为国家博弈的手段或是作为国家博弈的附属，无论如何，都将客观存在。

四、防范化解意识形态领域风险的基本要求

来自意识形态领域的风险不是可能的，而是现实的；不是抽象的，而是具体的。因此，必须从实践出发，来理解中央对这一领域的重大判断和明确要求。

2019年1月21日，习近平总书记在中央党校省部级主要领导干部"坚持底线思维着力防范化解重大风险"专题研讨班的开班式上明确提出"意识形态领域风险"。要求各级领导干部"面对波谲云诡的国际形势、复杂敏感的周边环境、艰巨繁重的改革发展稳定任务"，必须始终保持高度警惕，"既要高度警惕'黑天鹅'事件，也要防范'灰犀

牛'事件""既要有防范风险的先手,也要有应对和化解风险挑战的高招;既要打好防范和抵御风险的有准备之战,也要打好化险为夷、转危为机的战略主动战"。①

截至2020年3月20日,在中国共产党新闻网的专题"习近平系列重要讲话数据库"中以"风险"为关键词可以搜出1082篇文章,这些文章有些是讲话全文,有些是摘编,有些是指示,有些是与国际政要的通话,不一而足。②但总体可以看出,党的十八大以来,习近平总书记对于各类风险问题的关切和对国家安全的战略思考。

党的十九大之后,习近平总书记将防范化解重大风险放在了"三大攻坚战之首"。2019年1月21日的讲话,更是对当前我国主要领域面临的重大风险以及如何防范化解风险做了全面的分析和部署。从新华社3500字左右的新闻报道来看,习近平总书记就意识形态领域风险防范的重要内容提出以下要求:"要持续巩固壮大主流舆论强势,加大舆论引导力度,加快建立网络综合治理体系,推进依法治网。要高度重视对青年一代的思想政治工作,完善思想政治工作体系,不断创新思想政治工作内容和形式,教育引导广大青年形成正确的世界观、人生观、价值观,增强中国特色社会主义道路、理论、制度、文化自信,确保青年一代成为社会主义建设者和接班人。概而言之,当前防范意识形态领域风险的重点应抓住三个方面:一是舆论,壮大主流舆论强势;二是网络,依法综合治网;三是青年,完善思想政治工作,增强"四个自信"。

与此同时,习近平总书记指出,防范化解重大风险是各级党委、政府和领导干部的政治职责,强调:"要强化风险意识,常观大势、常思大局,科学预见形势发展走势和隐藏其中的风险挑战,做到未雨绸

---

① 人民日报社评论部:《论学习贯彻习近平总书记"1·5"重要讲话》,人民出版社2018年版,第17、28、6页。

② 需要说明的是,其中涉及新冠肺炎疫情风险防控的内容。加之,有些内容以"论述摘编"形式重复出现,因此,"风险"一词出现频率较高。

缪。要提高风险化解能力,透过复杂现象把握本质,抓住要害、找准原因,果断决策,善于引导群众、组织群众,善于整合各方力量、科学排兵布阵,有效予以处理。领导干部要加强理论修养,深入学习马克思主义基本理论,学懂弄通做实新时代中国特色社会主义思想,掌握贯穿其中的辩证唯物主义的世界观和方法论,提高战略思维、历史思维、辩证思维、创新思维、法治思维、底线思维能力,善于从纷繁复杂的矛盾中把握规律,不断积累经验、增长才干。要完善风险防控机制,建立健全风险研判机制、决策风险评估机制、风险防控协同机制、风险防控责任机制,主动加强协调配合,坚持一级抓一级、层层抓落实。"[1]仔细分析发现,这段论述不长,但明确指出了防范化解重大风险的工作切入点,即"意识—能力—机制"。其中,在能力部分,重点强调了"思维—方法—行动"。

防范化解重大风险是各级领导干部的政治责任。要真正担负起这一政治责任,就必须增强风险意识,能够见微知著,有"松风一起知虎来"的敏锐性;能够提前辨识风险,果断决策处置;善于指挥调配,科学统筹各类资源力量,保障风险防控需求;善于运用群众路线和群众方法防范和化解重大风险。概而言之,就是在增强风险意识的前提下,提高六种能力,即预见能力、辨识能力、决策能力、指挥能力、保障能力、群众工作能力。简明来看就是"1+6",即增强1个风险意识,提高6种能力。

与此同时,习近平总书记也指出了"过河的方法"[2]。一是理论武装。要用马克思主义基本理论和新时代中国特色社会主义思想来武装

---

[1] 中共中央党史和文献研究院、中央"不忘初心、牢记使命"主题教育领导小组办公室编:《习近平关于"不忘初心、牢记使命"论述摘编》,党建读物出版社、中央文献出版社2019年版,第224—225页。

[2] 这里借用毛泽东同志曾经的说法:"我们不但要提出任务,而且要解决完成任务的方法问题。我们的任务是过河,但是没有桥或没有船就不能过。不解决桥和船的问题,过河就是一句空话。不解决方法问题,任务也只是瞎说一顿。"

头脑。"一个民族要想站在科学的最高峰,就一刻也不能没有理论思维。"早在 2013 年 12 月 3 日党的十八届中央政治局第十一次集体学习时,习近平总书记就强调:"我们党在中国这样一个有着十三亿人口的大国执政,面对着十分复杂的国内外环境,肩负着繁重的执政使命,如果缺乏理论思维的有力支撑,是难以战胜各种风险和困难的,也是难以不断前进的。"① 新形势下,防范化解意识形态风险比其他任何领域、比其他任何时候,都更需要理论武装,要用理论来帮助自己提高政治站位,坚定正确政治方向,提高思维能力,把握矛盾发展的基本态势和规律,增强推动实际工作的本领。二是完善机制。要健全风险研判—决策风险评估—风险防控协同—风险防控责任落实机制。这些机制是按照实践逻辑展开的,是新时代提出的重大任务要求,在重大风险领域都需要贯彻执行,将风险化解于萌芽状态,防范在未成灾之时。

防范化解意识形态领域风险,无论对于实际工作者,还是对于理论研究者,都是一个崭新的课题。既需要登高望远,着眼于中国道路的前途与命运,深入理解其安全意义、内涵与范畴,又需要脚踏实地,着眼于具体工作,运用科学方法,梳理风险源、内视脆弱点、筑牢防御体系,在应对风险挑战和总结经验教训的过程中,不断提高防范化解意识形态领域风险的能力和成效。

---

① 中共中央文献研究室编:《习近平关于社会主义文化建设论述摘编》,中央文献出版社 2017 年版,第 63 页。

第二章　意识形态领域风险分析：主要概念与研究框架

意识形态领域风险指什么、有哪些？这个问题对一些领导干部和研究者来说，有模糊感，也缺乏清晰认识。经济工作，看得见、摸得着、好切入、能显绩、有经验；社会治理，调解矛盾、解决冲突、诉求明确、利益具体，法律、经济、行政等可用方法手段多样。但是，意识形态工作，"在人的头脑里搞建设"①，"地质情况"复杂，着力点分散、难度大，不会一蹴而就，也不会"毕其功于一役"，虚做和实做短期内效果差别不大。因此，与前两项工作相比，很多地方政府对于如何抓紧抓实意识形态工作，积累的经验不多、创新也不够，以至于对"风险是什么、源头和隐患在哪里、结果会怎样"等问题，常常存在认不清、想不到、管不到的情况。如果不强化风险意识、未雨绸缪，各类威胁、挑战、风险、隐患必将乘虚而入，不断堆积、放大，甚至会造成难以想见的严重后果。为此，有必要先厘清思路，从学理和实践两个方面入手，明确几个基本问题：风险是什么？生成机理如何？具体到意识形态领域，风险主要表现在哪些方面？如何运用风险分析框架来审视当前意识形态工作？

---

① 黄坤明：《增强脚力眼力脑力笔力 守正创新做好新形势下宣传思想工作》，《求是》2019年第1期。

一、风险：复杂概念的逻辑梳理

风险，是人们日常使用的概念，在相互交流中并不难懂，但要作为一个研究对象，就不能笼统地、大而化之地去理解，必须做出一番系统的梳理。通常，一个概念越易懂、越被跨行和跨界频繁使用，就越难有一个"标准答案"，让知识共同体接受和认可。为了建立起研究和讨论的基本前提与共识，需要对风险进行一个相对准确的深描和刻画。不过，这不是一项能够迅速"化繁为简"的工作。

（一）风险的词源学解释

如果观察人际交流、媒体报道、网络传播等公共沟通过程中关于"风险"一词的使用，很快就会发现，并不存在对于风险的统一定义。有人将风险看作"机会"，比如，投资者愿意承担高风险获取高收益；有人将风险看作"概率"或"可能性"，比如，自行车头盔可以将头部受到伤害的风险降低到88%；还有人将风险看作"危害""威胁"和"危险"，比如，传染病风险已经对多个产业造成经济冲击。正如国际知名风险研究专家斯坦·卡普兰（Stan Kaplan）在20世纪90年代指出："风险这个词曾经是、现在是、将来也一直会是一个问题。……在风险分析协会刚刚创建的时候，第一项工作就是成立一个委员会定义'风险'这个词。委员会花了整整四年的时间，最终还是决定放弃。它的最后一份报告指出，最好的方法也许就是不要对风险下定义……唯一需要的就是解释清楚自己的定义方式。"[1]

很多学者都将对风险研究的"首秀"放在了词源学分析上。这类

---

[1] 马文·拉桑德：《风险评估：理论、方法与应用》，刘一骝译，清华大学出版社2013年版，第4页。

文章可谓汗牛充栋。有学者称，风险一词由意大利语"riscare"演化而来，其本意是在充满危险的礁石之间航行。这一看法虽为多数人接受，但并未找到真正的源头。

更严谨的学者指出，语言的历史可追溯到古波斯，"rozk（k）"是指"日薪饷、每日的面包、命运"，这是从"rizq"的意思——"取决于上帝和命运的生计"发展而来的。后来，西班牙文"ar－risco"（冒险行动、危险）和"ar－riscar"（陷入危险）、希腊文"rhiza"（根、礁石）、拉丁文"risicare"（绕过礁石），以及意大利文（risicare，rischiare）、法文（risque）、德文（risiko）都使用了这一概念。"风险"由此成为整个近代的"普遍概念"。

英语词典将"risk"解释为"一种涉及面临危险的情境"（a situation involving exposure to danger）。《汉语大词典》将风险解释为"可能发生的危险"。这两者都强调了"遭遇……的危险"，而忽略了"冒……的危险"。仔细分析发现，前者的表达更为消极，暗含"遭危险之失"；后者则略显积极，暗含"冒危险之得"。

事实上，国际标准化组织 ISO 30001 的定义更为中性，它将风险理解为"对目标产生影响的事件发生的可能性"（The chance of something happening that will have an impact on objectives），这一概念重点强调了"可能性""不确定性"，回避了对于目标影响结果的判断，看似客观中立，实则模棱两可，在一定程度上，抹去了风险的本质属性——不利后果。对目标产生影响的事件，既可能是风险，也可能是机遇，如果是"机遇"，就不可能再称为"风险"。既"如此"，就不可能"非如此"。

本书从国家安全和公共秩序的角度出发，将风险理解为：一种重要价值（生命、财产、生态环境、种族、文化、价值系统）可能遭遇或发生危害的情况。当然，这仅仅是概念层面上的理解。如果用来指导风险管理实践，还远远不够。

(二) 风险的生成机理

管理实践的起点是把握客观事物的特征及其产生、发展规律，然后抓住关键环节实施有效控制。这是管理的一般逻辑，同样适用于风险管理。不过，科学研究的思路是对风险进行计算，然后，根据计算的结果，选择相应的管理方式。通常，研究者用"可能性"与"损害"的乘积来测算风险，即风险（risk）＝可能性（possibility）×损害（harm）。通过这种方式来评定风险水平，并依次考虑哪些风险可以承受，哪些风险不可接受；对于不可接受的风险，应该采取什么样的管理策略。

将风险按照发生的可能性和危害程度进行分类，可以建构一个"4T"的风险管理模型（如图2-1所示）。一般来说，对于那些发生概率高、危害后果严重的风险，人们倾向于终止或避免风险，要么消除风险源头，要么提高承载体的韧性，比如移走易燃物来消除火灾隐患，或加固堤坝以防洪灾；对于发生概率低、危害后果严重的风险，转移生命财产、保护其免受损害是一种恰当的选择，比如搬离危险区，在核电厂建设要求的安全距离以外居住；对于发生概率高、危害后果不严重的风险，可以在常态管理中进行风险控制的相关工作设计与安排；

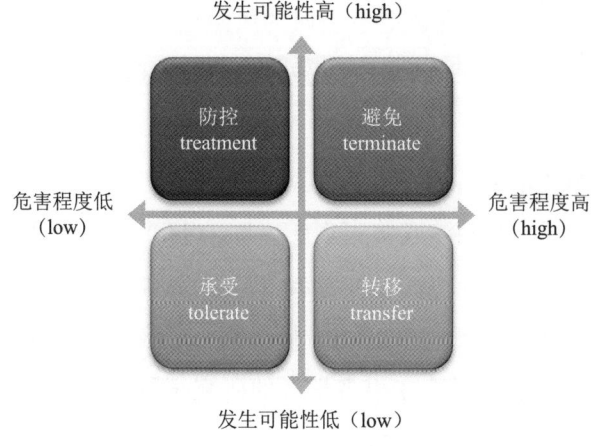

图2-1　风险管理模型

对于发生概率低、危害后果不严重的风险，接受风险、不追求绝对安全，不失为明智之举。

上述计算风险的方式简明清晰。但是，如果用于"社会"这个庞大的复杂系统，尤其是用来评估"人为风险"这类随机范畴和"风险接受度"这类主观范畴，则有很大的局限性。比如，对于危害公共安全的恶性犯罪行为，很多是偶发孤立事件，属于随机行为造成的损害，无法进行定量计算。再如，一年内发生一次灾难死亡5000人和一年内发生5000次灾难但每次死亡1个人，这两种情况虽然风险值一样，但对公众的情感伤害和接受度来说，则完全不同。而在意识形态领域，引发"舆论风暴"的热点议题，往往也是随机散发的，方向走势常常瞬息万变，起承转合扑朔迷离，一些不实言论对党政部门造成的公信力伤害在事前更是难以估量。因此，这种方式具有一定的局限性。

当然，研究者从未放弃对于风险这一概念的"确定性"追求。有学者将风险分为两种类型：硬风险和软风险。"硬风险"是对物质基础设施和环境的潜在破坏，"软风险"是对社会群体和机构组织的潜在社会经济影响。"软风险"较为适合描述一些重大灾难、重大事故、重大事件对生命财产造成的"硬损害"传导至人的思想观念领域之后产生的"软损伤"。这对于意识形态领域的风险研究来说，具有指导意义。在后面的分析中，我们会详述。此处重点讨论风险的构成要素及生成机理。

联合国减灾署曾结合灾害学、流行病学、气象学等学科的专家意见，将风险描述为危险源或致灾因子（hazards）、人或资产暴露于危险源（the assets or people exposed to hazards）及其脆弱性（the vulnerability of those exposed elements）的函数，即风险＝危险源×暴露度×脆弱性。对于这一界定的认同反映在很多学者的研究拓展中，比如，Wisner 提出，风险＝致灾因子×脆弱性－应对能力（coping capacity）；De La C ruz Reyna 指出，风险＝致灾因子×暴露度×脆弱性/预防准备

(preparedness)（详见表2-1）。这些研究的出发点是强调——风险由哪些元素构成，管理风险应该从管理这些元素及其关系入手。

表2-1 风险研究枚举

研究机构和学者	风险公式
Smith（1996）	风险＝致灾因子发生概率×损失
Morgan and Henrion（1990）	风险是可能受到灾害影响的生命财产在灾害中的暴露度
Carreno et al（2000）	风险＝硬风险（对物质基础设施和环境的潜在破坏）×软风险（对社会群体和机构组织的潜在社会经济影响）
Carreno et al（2004）	风险＝物质破坏（暴露度和物质易损性）×社会影响（社会经济脆弱性和应对恢复力）
Wisner（2001）	风险＝致灾因子×脆弱性－应对能力
De La Cruz Reyna（1996）	风险＝致灾因子×暴露度×脆弱性/预防准备
Yurkovich（2004）	风险＝致灾因子×暴露度×脆弱性×相互关联性

基于这种认识，联合国减灾署强调，风险管理应当建立在对构成风险的各个元素——危险源特点、脆弱性、暴露度、应对能力、环境等要素的充分认知的基础上。对于这些元素的充分认知，有助于管理者进行风险评估（assessment）、风险预防（prevention）、风险减缓（mitigation）、应急准备（preparedness）和应急响应（response）。

从人文的视角出发，联合国减灾署提醒公众，风险最终是我们所做决定的结果（the result of decisions that we make）。我们决定在哪里建造学校、工厂、水坝和堤坝；我们决定在疾病监测方面投资多少；我们决定如何救助和照顾那些脆弱的群体和资产。这些决定会影响风险结果。将风险看作决定的结果，意味着人们有能力通过选择来避免和控制风险。

需要强调的是，关于风险，还有社会学的解释。以德国社会学家贝克、卢曼（Niklas Luhmann）、英国社会学家吉登斯（Anthony Griddens）等为代表的一批欧洲研究者指出，风险的"科学维度"从一开始就被局限于技术性管控措施上,披着数字和方程的外衣,表现出实验、客观、概率计算的特性,然而,"接受度的问题"迟早都会走上前台。"科学理性"和"社会理性"之间存在裂缝与缺口。没有社会理性的科学理性是空洞的,没有科学理性的社会理性是盲目的。[①] 在某种程度上,社会学对风险的认知更具有"思想史"意义,其关于"风险是现代性的自反性后果"的观点也更具有"批判性"。

上述这些讨论折射出学术界在认识论、方法论甚至本体论上的一系列难题。正是在这个意义上,风险是复杂的。好在,我们以现实问题为导向,不过度关心风险研究中庞杂的理论丛林。在本书中,我们将从"风险=致灾因子×暴露度×脆弱性/预防准备"这个技术分析框架入手,进行意识形态领域的风险分析。

二、意识形态:马克思主义的解释

意识形态是什么,不同的解释和界定纷繁多样,至少有 200 种。有研究指出,这一概念最早来自法国哲学家德·特拉西。1801 年,特拉西出版了《意识形态原理》一书,在这本书中,他将意识形态定义为"一种观念科学"。

马克思和恩格斯是在人尽皆知其所指、无需赘述解释的前提下使用这一概念的。在马克思主义经典文献《德意志意识形态》中,几乎找不到关于意识形态的明确定义。不过,编者对于原德文中的"Ideologe"一词作了注释,这有助于我们理解马克思意义上的意识形态。

意识形态家原文为 Ideologe,过去曾译"思想家""玄想家"。Ideologe 一词是由 Ideologie(意识形态)派生出来的。为了保持这两个词译法的一致性,现将"思想家""玄想家"改为"意识形态家"。

[①] 乌尔里希·贝克:《风险社会:新的现代性之路》,张文杰、何博闻译,译林出版社 2018 年版,第 19 页。

当时以青年黑格尔派为主要代表的德国哲学，颠倒意识形态与存在、思想与现实的关系，以纯思想批判代替反对现存制度的实际斗争。马克思和恩格斯把这种哲学称为"德意志意识形态"，把鼓吹这种哲学的人称为"德意志意识形态家"。①

从这一注释中可以看出，意识形态指一种哲学、思想、观念。意识形态之所以重要，在于它与现实世界的关系。马克思对德国意识形态所认为的"宗教、概念、普遍的东西统治着世界"持批判态度，认为"不是意识决定生活，而是生活决定意识"。② 这也构成了马克思唯物历史观的基础。理解马克思主义的意识形态，可以从四个维度切入。

第一，意识形态与社会存在的关系。意识形态是社会存在的产物，随着社会存在的不断发展变化而变化。马克思恩格斯指出，一个时代的政治和精神的历史基础建构于这个时代的经济生产以及由此产生的社会结构之上，人们的意识，随着人们的生活条件、人们的社会关系、人们的社会存在的改变而改变。意识形态不是空洞的、抽象的，不是脱离具体社会存在的"普世"的意识形态。在这一意义上，意识形态不能移植、不能嫁接，只能从具体的社会实践中"自然长出"。

第二，意识形态与阶级的关系。意识形态具有鲜明的阶级性，是阶级利益的集中体现。在马克思看来，不管是哪一个阶级走向统治阶级的舞台，都会成为生产资料分配以及精神支配的核心力量。马克思认为："一个阶级是社会上占统治地位的物质力量，同时也是社会上占统治地位的精神力量。"③ 所谓的统治阶级的思想，其实就是依靠统治地位所展现出的物质关系，借助思想形式，从思想层面加固该阶级的统治基础。相较于资产阶级意识形态的本质特征是为维护自身统治，马克思主义意识形态的本质特征是旗帜鲜明地为人民大众"代言"。

---

① 《马克思恩格斯选集》第1卷，人民出版社2012年版，第141页。
② 《马克思恩格斯选集》第1卷，人民出版社2012年版，第152页。
③ 《马克思恩格斯选集》第1卷，人民出版社2012年版，第178页。

第三，意识形态与历史的关系。马克思指出，唯物主义和唯心主义的历史观不同，它不是在每个时代中寻找某种范畴，而是始终站在现实历史的基础上；不是从观念出发来解释实践，而是从物质实践出发来解释各种观念形态。马克思指出："历史上周期地重演的革命动荡是否强大到足以摧毁现存一切的基础；如果还没有具备这些实行全面变革的物质因素，就是说，一方面还没有一定的生产力，另一方面还没有形成不仅反抗旧社会的个别条件，而且反抗旧的'生活生产'本身、反抗旧社会所依据的'总和活动'的革命群众，那么，正如共产主义的历史所证明的，尽管这种变革的观念已经表述过千百次，但这对于实际发展没有任何意义。"① 历史的真正动力是革命，而不是批判，意识形态的一切形式和内容，也不会通过批判来消灭。现实是一切的决定因素，从观念出发的批判既消解不了意识，也决定不了历史的变迁。因此，一切历史冲突，包括其附带形式，不同阶级之间的冲突、意识的矛盾、思想的斗争、政治的斗争等，都根源于生产力和交往形式之间的矛盾。

第四，意识形态的相对独立性。意识形态是在物质劳动和精神劳动真正分离之后才具有独立性。从这时起，意识才能摆脱世界而去构造"纯粹的"理论、神学、哲学、道德等。对于社会发展来讲，物质生存方式虽然是始因，但是这并不排斥思想领域也反过来对这些物质生存方式起作用，因而是第二性的作用。意识形态遵循自身特定的发展规律，发挥着能动的反作用。正如马克思所言："如果从观念上来考察，那么一定的意识形态的解体足以使整个时代覆灭。"②

总的来看，意识形态是人类意识的产物，是人们对世界和社会的系统思考，是精神、观念、信念系统。马克思主义认为，无论是意识形态本身诞生的历史，还是意识形态内容生产的依据，都离不开现实

---

① 《马克思恩格斯选集》第1卷，人民出版社2012年版，第173页。
② 《马克思恩格斯全集》第46卷（下册），人民出版社1980年版，第35页。

的社会存在。意识形态属于上层建筑，是生产力和生产关系的必然反映，其主体具有阶级性，对于现实世界具有巨大的反作用。

古今中外，不同国家、不同民族、不同历史时期，具有不同的主流意识形态。历史和经验表明，意识形态领域向来是各种政治势力争夺和较量的场所。对于一国发展来说，关乎旗帜、关乎道路、关乎政治安全。

三、意识形态领域主要的风险挑战

意识形态领域面临什么风险，主要表现在哪些方面？对很多领导干部来说，如果不进行深入的理论学习和系统思考，在思想上和实践上就会出现似是而非的模糊地带，找不到工作的着力点。

有的地方和部门领导，擅长抓经济、抓业务，认为经济工作做好了，"一俊遮百丑"，意识形态工作虽然重要但不急迫、不必要，在思想领域里搞建设，看不见摸不着，不能"立竿见影"。因此，对意识形态工作感到陌生、疏于管理，遇到矛盾和问题，简单草率处理，抓不住"牛鼻子"。也有的地方和部门领导认为，意识形态工作都是高大上的理论，离基层工作很遥远，所谓"西化""分化""颜色革命"跟自己不沾边，对各种有害言论、错误看法听之任之，辨别不出意识形态领域风险所在。在相当程度上，这种对意识形态领域风险"不知道""不了解""不重视""不敏感"的现象，才是意识形态领域应当警惕的"最大风险"。

意识形态领域存在哪些风险，应当站在什么高度去审视，结合自身实际怎么去防范化解？这些问题的答案可以从习近平总书记的各类讲话原文中梳理出来。

习近平总书记在2019年1月21日中央党校举办的省部级主要领导干部"坚持底线思维着力防范化解重大风险"专题研讨班上的讲话

中，明确论述了意识形态领域里的风险问题。除此之外，党的十八大以来，在有关宣传思想、意识形态、新闻舆论、网络安全等方面的讲话中，习近平总书记也使用过"文化安全""短板""问题""挑战""隐患""不足"等概念。从风险管理的角度来看，这些都是应当关注的风险要素，本书从思想理论领域、新闻舆论领域、互联网领域三个方面进行梳理。

（一）思想理论领域

2015年12月，习近平总书记在全国党校工作会议上指出："国内外各种敌对势力，总是企图让我们党改旗易帜、改名换姓，其要害就是企图让我们丢掉对马克思主义的信仰，丢掉对社会主义、共产主义的信念。而我们有些人甚至党内有的同志却没有看清这里面暗藏的玄机，认为西方'普世价值'经过了几百年，为什么不能认同？西方一些政治话语为什么不能借用？接受了我们也不会有什么大的损失，为什么非要拧着来？有的人奉西方理论、西方话语为金科玉律，不知不觉成了西方资本主义意识形态的吹鼓手。"①

2016年5月，在哲学社会科学工作座谈会上，习近平总书记又指出："社会上也存在一些模糊甚至错误的认识。有的认为马克思主义已经过时，中国现在搞的不是马克思主义；有的说马克思主义只是一种意识形态说教，没有学术上的学理性和系统性。实际工作中，在有的领域中马克思主义被边缘化、空泛化、标签化，在一些学科中的'失语'、教材中'失踪'、论坛上'失声'。"②

2016年10月，在党的十八届六中全会第二次全体会议上，习近平总书记指出："意识形态领域也很不平静。在国内，一些错误思潮和观点不时出现，有的人以'反思改革'为名否定改革开放，有的人借

---

① 习近平：《在全国党校工作会议上的讲话》，人民出版社2016年版，第8页。
② 习近平：《在哲学社会科学工作座谈会上的讲话》，人民出版社2016年版，第10页。

口现实中存在的问题攻击我们党的领导和我国社会主义制度,有的人极力歪曲、丑化、否定我们的党、我们的国家、我们的军队和我国革命、建设、改革的伟大实践,有的人大肆宣扬西方的价值观,有的人恶意编造、肆意传播政治谣言。国际上,西方敌对势力一直把我国发展壮大视为对西方价值观和制度模式的威胁,一刻也没有停止对我国进行意识形态渗透,千方百计利用一些热点难点问题进行炒作,煽动基层群众对党委和政府的不满,挑动党群干群对立情绪,企图把人心搞乱。"①

这些情况说明:一方面,无论是在党政系统内,还是在哲学社会科学领域,以马克思主义为指导的意识形态在领导干部的头脑中和思想教育的实际工作中,都不同程度地面临所谓"普世价值"的挑战,存在虚化、弱化的问题;另一方面,错误的观点、思潮以及西方的意识形态渗透仍然不同程度地存在且情况复杂。

(二)新闻舆论领域

2013年8月19日,习近平总书记在全国宣传思想工作会议上的讲话指出,很多年轻人基本不看主流媒体,大部分信息都是从网上获取,必须正视这个事实,加大力量投入,尽快掌握舆论战场上的主动权,不能被边缘化了。

2016年2月19日,在党的新闻舆论工作座谈会上,习近平总书记又指出,新闻舆论工作还存在不少短板和问题。"面对媒体格局、舆论生态的深刻变化,新闻舆论工作适应步伐不够快,一些主流媒体受众规模缩小、影响力下降。面对新媒体带来的深刻变化,新闻舆论工作理念、方式、手段还没有跟上,管好用好新媒体能力还不够强。面对受众阅读习惯和信息需求的深刻变化,一些媒体还是按老办法、老

---

① 中共中央文献研究室编:《习近平关于社会主义文化建设论述摘编》,中央文献出版社2017年版,第52—53页。

调调、老习惯写报道、讲故事,表达方式单一、传播对象过窄、回应能力不足,存在受众不爱看、不爱听的问题,时效性、针对性、可读性有待增强。面对'西强我弱'的国际舆论格局,我国新闻媒体国际传播能力还不够强,声音总体偏小偏弱。面对火热的社会生活,一些同志深入实际不够,习惯于跑机关、泡会议、抄材料,或借助网络摘抄拼凑,有的甚至为一己私利搞虚假新闻、有偿新闻,严重损害新闻媒体公信力。"①

与此同时,习近平总书记也指出:"一些人宣扬西方新闻观,标榜西方媒体是'社会公器'、'第四权力'、'无冕之王',鼓吹抽象的绝对的'新闻自由'。少数人打着新闻自由的旗号,专挑重大政治原则说事,公然攻击中国共产党的领导体制和我国社会主义制度。有的不顾起码的是非曲直,以骂主流为乐、反主流成瘾,怪话连篇,谎话连篇。""如果世界其他地方特别是同西方意识形态不同的地方发生街头抗议事件,甚至发生暴力恐怖活动,西方媒体就会将其描绘为争取'民主'、'自由'、'人权'、'反抗暴政'的行动,不惜版面、时间进行渲染。对社会主义中国,西方媒体总是戴着有色眼镜,抹黑、丑化、妖魔化中国可谓无所不用其极。"②

2019年1月,在中央政治局第十二次集体学习时,习近平总书记又强调:全媒体不断发展,出现了全程媒体、全息媒体、全员媒体、全效媒体,信息无处不在、无所不及、无人不用,导致舆论生态、媒体格局、传播方式发生深刻变化,新闻舆论工作面临新的挑战。③

总体来看,新闻舆论领域主要面临三方面问题:一是主流媒体对于受众的影响力有所下降;二是国际传播力不够强,声音总体偏小偏

---

① 中共中央文献研究室编:《习近平关于社会主义文化建设论述摘编》,中央文献出版社2017年版,第39—40页。
② 中共中央党史和文献研究院编:《十八大以来重要文献选编》(下),中央文献出版社2018年版,第215页。
③ 《习近平谈治国理政》第3卷,外文出版社2020年版,第317页。

弱；三是西方媒体新闻观及负面报道使制度安全面临挑战。

（三）互联网领域

"过不了互联网这一关，就过不了长期执政这一关。"① 关于互联网领域面临的风险，从习近平总书记的相关论述来看，主要包括六个方面。

第一，网络舆论引导。2013年8月19日，习近平总书记在全国宣传思想工作会议上的讲话指出："互联网已经成为舆论斗争的主战场。""西方反华势力一直妄图利用互联网'扳倒中国'，多年前有西方政要就声称'有了互联网，对付中国就有了办法'，'社会主义国家投入西方怀抱，将从互联网开始'。从美国的'棱镜'、'X—关键得分'等监控计划看，他们的互联网活动能量和规模远远超出了世人想象。在互联网这个战场上，我们能否顶得住、打得赢，直接关系我国意识形态安全和政权安全。"②

2013年11月9日，习近平总书记在党的十八届三中全会上指出："随着互联网媒体属性越来越强，网上媒体管理和产业管理远远跟不上形势发展变化。特别是面对传播快、影响大、覆盖广、社会动员能力强的微博、微信等社交网络和即时通信工作用户的快速增长，如何加强网络法制建设和舆论引导，确保网络信息传播秩序和国家安全、社会稳定，已经成为摆在我们面前的现实突出问题。"③

第二，网络空间治理。2016年4月，在网络安全和信息化工作座谈会上，习近平总书记指出："网络空间乌烟瘴气、生态恶化，不符合

---

① 中共中央文献研究室编：《习近平关于社会主义文化建设论述摘编》，中央文献出版社2017年版，第42页。
② 中共中央文献研究室编：《习近平关于社会主义文化建设论述摘编》，中央文献出版社2017年版，第28、28—29页。
③ 《中国共产党第十八届中央委员会第三次全体会议文件汇编》，人民出版社2013年版，第108页。

人民利益。谁都不愿生活在一个充斥着虚假、诈骗、攻击、谩骂、恐怖、色情、暴力的空间。互联网不是法外之地。利用网络鼓吹推翻国家政权，煽动宗教极端主义，宣扬民族分裂思想，教唆暴力恐怖活动，等等，这样的行为要坚决制止和打击，决不能任其大行其道。利用网络进行欺诈活动，散布色情材料，进行人身攻击，兜售非法物品，等等，这样的言行也要坚决管控，决不能任其大行其道。"①

"要加快网络立法进程，完善依法监管措施，化解网络风险。前段时间发生的 e 租宝、中晋系案件，打着'网络金融'旗号非法集资，给有关群众带来严重财产损失，社会影响十分恶劣。现在，网络诈骗案件越来越多，作案手段花样翻新，技术含量越来越高。这也提醒我们，在发展新技术新业务时，必须警惕风险蔓延。""办网站的不能一味追求点击率，开网店的要防范假冒伪劣，做社交平台的不能成为谣言扩散器，做搜索的不能仅以给钱的多少作为排位的标准。"②

第三，互联网技术。"互联网核心技术是我们最大的'命门'，核心技术受制于人是我们最大的隐患。一个互联网企业即便规模再大、市值再高，如果核心元器件严重依赖外国，供应链的'命门'掌握在别人手里，那就好比在别人的墙基上砌房子，再大再漂亮也可能经不起风雨，甚至会不堪一击。"③

第四，关键信息基础设施。"从世界范围看，网络安全威胁和风险日益突出，并日益向政治、经济、文化、社会、生态、国防等领域传导渗透。特别是国家关键信息基础设施面临较大风险隐患，网络安全防控能力薄弱，难以有效应对国家级、有组织的高强度网络攻击。这对世界各国都是一个难题，我们当然也不例外。""金融、能源、电力、

---

① 中共中央党史和文献研究院编：《习近平关于总体国家安全观论述摘编》，中央文献出版社 2018 年版，第 171 页。

② 习近平：《在网络安全和信息化工作座谈会上的讲话》，人民出版社 2016 年版，第 22、23 页。

③ 习近平：《在网络安全和信息化工作座谈会上的讲话》，人民出版社 2016 年版，第 10 页。

通信、交通等领域的关键信息基础设施是经济社会运行的神经中枢，是网络安全的重中之重，也是可能遭到重点攻击的目标。'物理隔离'防线可被跨网入侵，电力调配指令可被恶意篡改，金融交易信息可被窃取，这些都是重大风险隐患。不出问题则已，一出就可能导致交通中断、金融紊乱、电力瘫痪等问题，具有很大的破坏性和杀伤力。"①

第五，网络安全识别。"没有意识到风险是最大的风险。网络安全具有很强的隐蔽性，一个技术漏洞、安全风险可能隐藏几年都发现不了，结果是'谁进来了不知道、是敌是友不知道、干了什么不知道'，长期'潜伏'在里面，一旦有事就发作了。"②

第六，网络安全防御能力和威慑能力。"网络安全的本质在对抗，对抗的本质在攻防两端能力较量。""哪些方面要重兵把守、严防死守，哪些方面由地方政府保障、适度防范，哪些方面由市场力量防护，都要有本清清楚楚的账。人家用的是飞机大炮，我们这里还用大刀长矛，那是不行的，攻防力量要对等。要以技术对技术，以技术管技术，做到魔高一尺、道高一丈。""目前，大国网络安全博弈，不单是技术博弈，还是理念博弈、话语权博弈。"③

以上六个方面表明，网络安全是一个"新兴风险领域"，是新技术创新发展的衍生产品。它是一把"双刃剑"，一方面可以造福社会；另一方面可能因不当使用损害公共利益和个人利益。网络安全风险，不仅涉及舆论风险和社会治理挑战，还涉及核心技术、关键信息基础设施、攻防对抗等风险类型。总体来看，在网络领域，面临两种不同类型的风险：一类是关于"技术—设施—硬能力"的"屏障安全"风险；另一类是关于"内容与秩序"的"本质安全"风险。本项研究重点关

---

① 中共中央党史和文献研究院编：《习近平关于总体国家安全观论述摘编》，中央文献出版社 2018 年版，第 172、174 页。

② 习近平：《在网络安全和信息化工作座谈会上的讲话》，人民出版社 2016 年版，第 17 页。

③ 习近平：《在网络安全和信息化工作座谈会上的讲话》，人民出版社 2016 年版，第 18、18—19、19 页。

注后一类安全风险问题。

综上可看出,党的十八大以来,习近平总书记深刻分析了我国意识形态领域面临的一些挑战、问题、风险、隐患,不仅提出了一系列创新性思想,而且对许多方向性、根本性、全局性问题作出战略部署,有力扭转了意识形态领域一度出现的被动局面。同时,应当看到,意识形态工作面临的内外环境更趋复杂,潜在风险与隐藏漏洞并存、可预见风险与不可预见风险同在,我们应高度重视苗头性问题、倾向性问题,做到"图之于未萌、虑之于未有",要守住思想舆论防线,特别要防止各种敌对势力借机干扰和破坏,避免一些具体问题演变成政治问题、局部问题演变成全局性事件,避免出现大的意识形态事件和舆论旋涡。

四、意识形态领域风险分析框架

意识形态领域风险是一种特殊领域的风险。与自然灾害领域、安全生产事故领域、公共卫生领域、经济领域、社会领域的风险不同,其后果不是直接表现为生命财产环境等可见损害,而是表现为一种看不见的、持续累积、长久积淀、隐而不发的能量,一旦遇到触发事件,可能被迅速点燃,之后大面积蔓延、传导,对整个社会系统和政治系统造成剧烈冲击和致命危害。这种风险是一种累积式风险[①],其危机特性属"文火型"危机。

美国麻省理工学院教授鲁迪格·多恩布什(Rudiger Dornbusch)提出的"多恩布什法则"(Dornbusch's Rule)明确描述了这类危机的特点:"危机向我们一步一步地走来,这个时间远比我们想的要长得多,但是它一旦来到我们面前,发动攻击的速度就比我们认为的要快

---

① B. 哈格曼、J. 拉巴迪:《有备无患》,周耘、程刚等译,化学工业出版社 2015 年版,第 11 页。

得多……危机的形成是漫长的、经年累月的事情,但是危机的爆发却是一夜之间的事情。"[1] 一般来说,这类危机为事前干预和事态控制留出了时间,人们可以通过风险识别、风险评估、风险管理(决策与实施)把问题解决在萌芽之时、成灾之前。然而,大量的实践表明,人们会掉入提前计划和迅速行动之间的裂缝之中。常常出现的矛盾是:"如果有充分的准备时间,我们就能制定一个合理的、理性化的计划,但是准备时间太充裕,也会让我们的紧迫感逐渐麻痹。"[2] 每个机构在受到打击之前都是有计划的,但是一旦受到打击,就陷入混乱无序、不知所措之中。为此,我们需要进一步完善管理战略,将"风险管理"视为与"发展管理"同等重要、并驾齐驱的内容,在常态工作中,嵌入系统的风险管理体制、机制、法制、预案,以避免和防范类似情况发生。

所有的风险管理都是以风险识别、风险分析和风险评估为前提的。实践中,运用较多的"风险识别—分析—评估"的方法主要有四种。

第一种,德尔斐分析法(Delphi Method)。由相关领域专家"背对背"地对风险进行预测、分析和评估。通常,由相关部门组织函询调研,简明的调研需要专家回答三个主要问题:一是我们可能面对什么类型的风险和突发紧急情况;二是这些风险和突发紧急情况会对哪些重要资产、利益或价值造成损害;三是我们该如何行动保护自己。较为详细的调研还需专家回答这些预估的风险和突发情况为什么会发生?判断依据是什么?目前我们的管理系统内有哪些方法、措施和资源能够用于阻止这些风险和突发情况发生、避免风险链条传导造成重大损害?

第二种,威胁危害识别评估方法(Threat and Hazard Identifica-

---

[1] 米歇尔·渥克:《灰犀牛——如何应对大概率危机》,王丽云译,中信出版社 2017 年版,第 205 页。

[2] 米歇尔·渥克:《灰犀牛——如何应对大概率危机》,王丽云译,中信出版社 2017 年版,第 204 页。

tion and Risk Assessment，THIRA）。这种方法主要有四个步骤：第一步，识别管理系统关切的风险威胁，列出风险威胁清单；第二步，分析风险威胁所处的背景，对风险威胁的具体内容进行详细描述；第三步，设定能力目标，陈述和说明应该达到的能力要求；第四步，评估能力缺口，明确资源需求（如图 2-2 所示）。

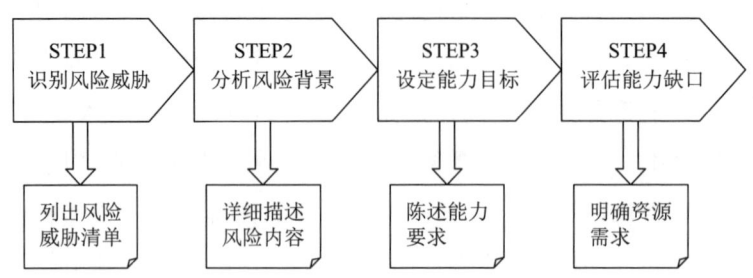

图 2-2　威胁危害识别评估方法

第三种，"分类研究"分析法。公共安全理论认为，风险分析应当在三条主线上展开。第一条，以"突发事件"为主线，研究突发事件的孕育、发生、发展和突变成灾的过程及其对承灾体的作用，即研究事件本身，涉及危险源、致灾因子及其成灾过程。第二条，以"承灾体"为主线，包括人、物、生态环境，也包括运行的经济社会系统，研究承灾体在突发事件所产生的能量、物质和信息等要素作用下的状态及变化，以及可能产生的"本体破坏"或"功能缺失"。第三条，以"应急管理"为主线，研究如何施加人为或技术干预，预防、阻断或减少突发事件的发生、发展及造成的损失。

第四种，"要素与关系"分析法。这种评估方法运用"风险＝致灾因子（hazards）×暴露度（exposure）×脆弱性（vulnerability）/预防准备（preparedness）"这一分析框架，对于致灾因子、暴露程度、脆弱性、防控能力等要素，进行分别评估，并建立灾损曲线，得出风险估值。这种评估方法，相对于前三种来说，更具综合性、系统性，也更适用于对意识形态领域的风险进行分析。只不过，在意识形态领域，致灾因子以一种"危害信息"的形式表现，暴露以"传播平台和传播链条"的方式展开，承载体脆弱性表现为"受众的易感性或接受度"，防控准备则表现为党委政府的"传播管理能力"。因此，可以将这一分析框架修正为：

$$意识形态领域风险=\frac{危害信息\times 传播路径\times 受众的易感性或接受度}{传播管理能力}$$

在这一分析框架中，有四个要素。一是危害信息。这可以通过法律规定的相关情况以及管理经验来识别。比如，《中华人民共和国网络安全法》规定，各类危害国家安全、荣誉和利益，煽动颠覆国家政权、分裂国家，宣扬恐怖主义、极端主义、民族仇恨，传播暴力色情，编造虚假信息破坏经济秩序和社会秩序的各类信息都是危害信息。在实践中，危害信息来源往往有几种生成路径，比如技术生成、事件生成、国际生成等。二是传播路径。通常指媒体、网络、书籍、报刊、论坛、讲坛、影视产品、文艺作品等各类平台、阵地、载体。三是受众的易感性或接受度。这可以通过受众分类及其角色变迁来分析。四是传播管理能力。通常指领导干部对意识形态领域风险的责任意识、管理能力、策略方法、行动技巧，以及相关的法规制度体系健全情况及运行效能。

本书将基于这一分析框架，对意识形态领域风险分别进行风险源分析、传播分析、受众分析、法规制度分析，在此基础上，提出进一步完善意识形态领域风险防控机制，提升涉意识形态突发事件处置能力的若干策略与方法。

需要说明的是，风险分析的目的是提升风险防控的科学性、针对性和有效性。从"要素与关系"分析框架入手，风险管理应当从四个方面着力：一是消除或控制危害源；二是阻断传播路径；三是保护受众免受危害影响；四是提升管理系统的风险管理能力。将这种方式运用于意识形态领域，则对应着四种路径：一是内容管理；二是传播平台管理；三是受众引导；四是意识形态风险防控能力建设。

与此同时，意识形态领域工作，不仅包括重大风险防控，而且包括理论思想价值引领。换言之，在强调风险防控的同时，不能忽视"内容建设"与"正能量供给"。在某种程度上，内容建设与正能量供给本身就是风险防控的一种方式，是用正能量来对冲风险的一种方式。由此，我们构建出如下的基本分析逻辑：

$$\text{意识形态领域风险管理结果} = \text{正能量} \times \text{传播路径} \times \text{受众的易感性或接受度} - \frac{\text{危害信息} \times \text{传播路径} \times \text{受众的易感性或接受度}}{\text{传播管理能力}}$$

总的来看，意识形态领域重大风险防控工作，主要包含五个方面：一是正能量的供给、传播与影响放大；二是危害内容的管理；三是传播平台管理；四是受众的保护与引导；五是意识形态风险防控能力建设。

第三章 意识形态领域主要风险源分析

社会变革在人们尚未觉察到的时候已经悄然开始，它来自我们习以为常的科技创新、经济发展、财富创造，这些被理所当然地视为"进步"的过程。在经年累月的点滴"进步"中，人们的思想观念、心理预期、精神世界也随之发生变化。作为政治价值、观念和思想体系的意识形态本身就处于这种变化的包围之中。技术的变化、观念的变化、社会的变化、世界的变化，等等，构成了其工作运行的"外部环境"。对于这种外部环境变化的觉知和风险评估，是意识形态工作自处和应对挑战的关键。本章将从网络技术风险、数据运用风险、暗网运行风险、负面过剩风险、谣言传播风险、信息生产逐利风险和西方传播效应风险七个方面，来分析当前我国意识形态领域面临的挑战和应当关注的重点。

一、网络技术风险：深度伪造

深度伪造（deepfake）是一种利用 AI 程序和深度学习算法实现音视频模拟与伪造的技术。通常，投入深度学习的内容库越大，合成的音视频"逼近真实性"的程度越高，甚至可以达到"无中生有""以假乱真"的程度。

深度伪造技术不仅能实现"换脸"（face swap），而且能通过深度学习真人声音、创造出现实不存在的人物肖像。利用该技术，可以通过视频这一较为"可信"的方式让某人"说不曾说过的话"，"做不曾做过的事"，达到混淆视听的目的，具有极高的欺骗性。

科学技术是一把双刃剑，既可造福，也可致祸。深度伪造技术也不例外，如果用于不良目的，则可通过合成色情视频来诋毁个人声誉，让 CEO 宣布破产引发股市地震，让政治人物相互攻击掀起政治风浪。美国前总统奥巴马的演讲曾被"借用"攻击特朗普，该视频在网站上获得 480 万次的浏览量。由于深度伪造技术可以被用于包括美国总统在内的任何政治人物或公务人员身上，因此，许多国家担心该技术会成为国家或非国家组织发起"虚假信息战"的最新武器。

深度伪造技术对于国家安全的重大风险在于，通过让虚假信息以高度可信的方式呈现给社会公众，操纵大众心理、大众情绪和大众预期，并以此引发广泛的社会不信任，进而对政府的合法性造成冲击。美国学者指出，长期接触虚假信息和深度伪造技术可能让公众在真真假假中迷失自我，从而做出比较极端的选择。如果长期无法分辨真伪，他们要么相信一切，要么不信任一切，其结果是产生"信任衰退效应"。

信任对于国家和社会的影响不言而喻。它是社会资本的重要组成部分，是在权力强制和利益交换两种机制之外，促进人与人、社会与国家自发合作的第三种机制。[①] 美国政治学者帕特南在《使民主运转起来》一书中指出，在信任度低的国家，即使领导人强权在握，其制度与政策实施也会被民众的猜疑和不合作抵消；在信任度高的地方，即使领导人不运用权力，其制度与政策也会得到民众较为主动的配合而自我实施。几乎所有研究信任的学者都一致认为，若要维护和巩固政权，则必须设法使大众建立起对政府和政治领导人的信任。

科技创新是人类进步的阶梯，而科技反噬则是人类生存最大的威

---

① 查尔斯·蒂利：《信任与统治》，胡位钧译，上海世纪出版集团 2010 年版，第 44 页。

胁。深度伪造是 AI 技术发展到一定阶段的副产品，其致命的负效应是以假乱真、真假难分，瓦解社会信任。客观来看，技术是中立的工具和手段，其发挥建设作用还是破坏作用完全取决于人的使用目的。如果以教育艺术、医疗科研、影视制作等正常社会效益和经济效益为目的，进行加工合成并做出标注，则真正能发挥"技术之善"。但若以欺骗、煽动、撕裂、挑唆为目的，破坏社会信任，冲击公共安全和国家安全，则需要提前设置规制措施、防控风险。

必须承认，"虚假内容"的社会风险和政治风险是数字化世界难以回避的社会存在。这需要从法律、技术、行业和公众四个方面入手解决。在法律上，应对 AI 深度合成内容的用途、使用范围、标识进行规约，对滥用技术进行处罚，确保技术使用服务于社会进步的需要。令人欣喜的是，2020 年 5 月 28 日，党的十三届全国人大三次会议通过的《中华人民共和国民法典》。民法典第四编第四章对自然人的"肖像权"做出了规定。其中，第一千零一十九条强调："任何组织或个人不得以丑化、污损，或者利用信息技术手段伪造等方式侵害他人的肖像权。未经肖像权人同意，不得制作、使用、公开肖像权人的肖像，但是法律另有规定的除外。"第一千零二十三条再次强调："对自然人声音的保护，参照适用肖像权。"可以说，这些条款为人工智能时代的网络行为划定了边界，为防止科技的反噬与异化设置了法律屏障。除此之外，在技术上，还应推动虚假内容鉴别技术和溯源追踪技术的发展，以保证有技术手段从源头识别合成内容，防止虚假信息扩散。在行业领域，应强调行业自律和平台管理主体责任，防范无标识虚假内容流出。对于民众而言，则需要在技术迭代推进的虚拟化浪潮中自觉提高数字素养和数字能力。

二、数据运用风险：剑桥分析

数据开启了一场寻宝游戏。其价值在于挖掘和利用，而不是收集和占有。与通过显微镜发现事物不同，数据分析通过探寻数据来发现和预测。

"剑桥分析"（Cambridge Analytic）是一家成立于2013年的数据公司。不过，根据其联合创始人威利（Christopher Wylie）的说法，剑桥分析不是一个纯粹意义上的数据公司或算法公司，而是一个全方位的宣传机器。所谓"全方位的宣传机器"，是从其对公众的政治态度和政治行为施加影响而言的。2018年3月，《纽约时报》和《卫报》联合署名报道，剑桥分析涉嫌获取大量脸书（Facebook）用户数据，并在2016年美国总统大选中针对目标受众推送"政治广告"，获取不公正选举优势。

剑桥分析获取数据的方式，是从一款App开始的。2014年，剑桥大学心理测量中心教授亚历山大·科根（Aleksandr Kogan）开发了一款名为"这就是你的数据生活"的App。据媒体报道，有近30万用户接受了这款App的心理测试，而科根基于这些使用者及其好友信息，最终获得了多达8700万用户的数据。[①] 此后，这些数据被"剑桥分析"获得，用于分析选民的政治偏好。

剑桥大学心理测量中心的迈克尔·波辛斯基博士（Michal Kosinski）曾指出，通过建立技术模型并追踪Facebook用户的"点赞"数量，就能预测用户的人格特征和社会属性。只需要集齐68个"赞"，就可以估计出用户的肤色、党派属性等特征，准确率分别高达95%和85%；而当追踪的点赞数超过300个，数据分析就能深入你自己都还没弄明白的潜意识层面，产生"比你自己更了解你自己"的效果。

从政治营销的方式看，剑桥分析的理念：一是如果你能控制选民周围的信息流，你就能影响他们对外部世界的认知，进而影响他们的行动和反应；二是根据事实进行竞选活动是徒劳的，人类受两种情绪

[①] 参见方兴东、陈帅：《Facebook—剑桥事件对网络治理和新媒体规则的影响与启示》，《社会科学辑刊》2019年第1期。

的驱动，即希望和恐惧，要通过激发选民的情绪来影响投票行为；三是数据挖掘的目的，即弄清楚谁容易受哪种信息影响，并建立选民心理档案，然后，通过对最具可塑性的选民进行微定位（micro-targeting），投放能触发其情绪的政治广告甚至是误导性信息、虚假信息来操纵选民的投票行为。

在剑桥公司，除了数据专家、心理学家、战略家，还有创意人员、设计师、视频制作者、摄影师。他们往往根据数据挖掘的结果，协同创作内容，这包括话题设计、形式包装、内容编辑、语气调节等。他们将设计出的产品交给目标定位团队，由目标定位团队根据不同类型客户各自接收信息的渠道，以及接收多少次才能改变观点的分析结果，进行精准投放。"精准"的含义是，确保用户在收到信息后能够产生点击、观看和转发行为，继而形成接力赛，一个接一个地持续点击、观看和转发，直到相关人群改变自己原先的想法为止。

按照剑桥公司的说法，这种营销不同于政治人物站在公共广场上发表看法，给公众分享一个共同的故事。这是在每个选民耳边"私语"，你可能对一个选民说这件事，对另一个选民说另外一件事，对第三个选民又说截然不同的事。社会将围绕不同社群进行回音壁（echo chambers）[①] 运行。结果是，同类信息只在同类社群中传播，不同社群之间彼此沟通的机会越来越少，共识也越来越小，甚至可能因此推动社会走向分裂。

剑桥分析事件表明，社交媒体因其用户规模和商业模式获得了传统大众媒体无法比拟的传播效果与社会影响力。收集和挖掘社交媒体上的用户信息，能够了解用户的行为模式、性格特征、价值偏好、活动轨迹、成长经历等信息，通过细分受众、纳米定位（nanotargeting）

---

① 回音壁效应用来描述人们选择和接触与自己意见相同或相似的人群，采纳符合自己预期的观点。这些意见和观点会在共同持有者的场域中得到正反馈，不断被激励和放大，逐步走向认识上的极端和表达上的极化。

和信息投放，可以操控选民情绪与投票行为。从这个意义上来说，"得数据者得天下"。

毫无疑问，数据的科学价值、经济价值、社会价值和政治价值，在这个时代以一种前所未有的方式创造性地改变着我们的工作、生活和思维。利用计算机、智能手机和各种电子便携感应器来记录、量化、分析自己的学习、工作、运动、购买、心情等个体行为，可以更好地了解自己、分析自己，帮助我们走出错觉，认识真正的自己。然而，这些数据一旦被无禁区、无底线地不当利用，就会产生严重的负效应。

"剑桥分析"产生的负效应引发了美欧国家对"利用技术干预政治"和"泄露公民隐私"的担忧。世界各国越来越深切地感受到信息操控对国家安全产生的重大威胁。不过，正如牛津大学互联网研究院院长霍华德（Howard P.）所指出的，"新的网络宣传武器"的社会影响才刚刚开始被认识，并不是所有人都能理解算法、自动化和政治相互作用背后的科学原理。

张洪忠等学者的研究指出，"政治机器人"（political bots）已经广泛参与到在线政治信息的讨论和扩散环节，在政治选举、社会动员、政治干扰中传播运营者的政治诉求并影响舆论。有研究指出，推特（Twitter）中有51.8%的流量来自机器人，约有超过3000万的活跃账号是由机器人驱动的，其策略包括营造虚假人气、推送大量政治信息、传播虚假或垃圾政治信息、制造烟雾遮蔽（smoke screening）混淆视听、塑造高度人格化的虚拟意见领袖等。[1] 一些研究指出，政治机器人曾被用来在叙利亚和墨西哥进行政治动员。[2] 2018年，霍华德与同事布尔索弗（Bolsover G.）发表在《信息、沟通与社会》杂志上的研究指出，推特已经被大量反华信息的假账号机器人占据。

---

[1] 张洪忠、段泽宁、杨慧芸：《政治机器人在社交媒体空间的舆论干预分析》，《新闻学研究》2019年第9期。

[2] 于家琦：《计算式宣传——全球社交媒体研究的新议题》，《经济社会体制比较》2020年第3期。

2018年4月，Facebook首席执行官扎克伯格就剑桥分析泄露数据事件出席了美国国会听证会。在听证会上，扎克伯格披露，Facebook从事安全和内容审查工作的员工有1.5万人，到2018年底，将增加到2万人。这一数字与Facebook在2017年第3季度公布的总员工数23165人相比，占了86%的比重。可见，内容审核和信息过滤已成为社交媒体最庞大、最重要的工作内容。① 有评论指出，全美记者不到3万人，这个社会宁愿雇用2万人来处理别人生产的"仇恨、偏见、谎言和愚蠢"，而不愿将这些资源投放到能直接带来正面影响的新闻事业。②

大数据将网民的搜索、阅读、转发、点赞、评论、分享、回复、跟帖、顶、踩、拍砖、撒花、灌水、举报等网络行为记录下来；而算法突破过去满足受众最大公约数需求的信息传播模式，通过先进的技术对受众的"需求颗粒度"进行细分；在此基础上，一些技术嗅觉敏感的政治团体，利用"公司或企业"这种商业运行模式，将计算技术与心理学模型、传播学方法相结合，进行政治议题的设置和包装，以精准推送的方式确保受众接收、点击、阅读、感染、改变。这就是剑桥分析的运行模式。它依赖几个关键词：社交媒体、数据、心理、算法、微定位、传播、情绪、改变。据权威媒体调查显示，剑桥分析及其母公司SCL（Strategic Communications Laboratories）曾在世界各地参与200多次选举，其中包括东欧国家的颜色革命。尽管2018年5月，"剑桥分析"已宣布破产，但其运行模式、数据获取、数据利用、信息操控、对受众的政治影响以及对国家安全的威胁，值得我们警惕和关注。

---

① 其内容审核涉及六类：暴力和犯罪行为、安全、争议内容、信誉与真实性、尊重知识产权和内容相关请求；审核范围不仅包括文字，也包括图片、视频。
② 参见喻国明、曲慧：《"信息茧房"的误读与算法推送的必要》，《新疆师范大学学报》2020年第1期。

三、暗网运行风险：黑灰空间

暗网是一个加密的互联网空间，隐藏在众所周知的商业网站、搜索系统之外，普通大众很难通过常规搜索引擎搜寻、访问，属于互联网世界的"另一面"。在暗网中，服务器地址和数据传输通常是"隐身"的，密码被层层保护，网络之间没有可见的互联协议地址，更不链接外部网页，隐藏的内容只对"内部人"开放，极端私密，常常滋生大量惊悚诡异、激进违禁、涉恐涉暴、极端主义等内容。数据显示，在暗网中，除去近半数的无意义数据之外，毒品信息约占到暗网信息数据的6.3%，紧随其后的是极端主义、非法色情、黑客、暴力等信息，这在一定程度上对公共安全和社会秩序构成了严峻挑战。[①]

英国德莫斯智库（Demos）社群媒体分析中心总监、萨塞克斯大学社交媒体分析中心主任杰米·巴特利特在《暗网》一书中指出，2007年，他开始研究欧洲和北美激进的社会与政治活动，在网络上试图了解认同基地组织极端意识形态的年轻人。结果发现：每一种政治现象，如阴谋论、极右翼、恐怖主义等，都能在网络上逐步扎根且活跃度逐步上升。这一研究帮助他发现了一个与这些现象紧密相连，却又查不到、看不见的"平行暗世界"。这个世界"放飞"了人性魔鬼的一面。其中，各类自残、自杀、黑客、霸凌、毒品、新纳粹、极端主义等突破社会规范和社会禁忌的"非常规话题"受到追捧。

一些种族主义者和极端民族主义者将网络当成"运动阵地"，宣传极端政治理念并号召支持者加入。在新兴的网络极端分子中，很多是年轻人，而且是"科技通"，他们很容易在网络空间找到来自世界各地的"同路人"。

---

① 刁世锋：《"暗网"毒瘤，得全球联手铲》，《人民日报（海外版）》，2019年7月22日。

最典型的例子是"于特岛枪击事件"①。于特岛枪击事件是第二次世界大战结束以来，发生在挪威境内的最为严重的暴力袭击事件，共造成77人死亡。事件制造者安德斯·贝林·布雷维克，是一个极右翼分子，每天沉迷于"白人至上"网站"风暴前线""维也纳之门""吉哈德观察"等。这些网站大量引用20世纪30年代的纳粹宣传，渲染种族仇恨和伊斯兰威胁，同时指控欧洲的政治精英勾结穆斯林，图谋摧毁欧洲文化，要把欧洲变成一个穆斯林化的"欧拉伯"（Eurabia）。借助这些网站内容和维基百科资料，布雷维克在实施恐怖袭击前，拼凑出了一份极端主义读物《2083：欧洲独立宣言》。布雷维克坚信社交媒体会帮助他找到"白人至上"主义者"战友"。他申请了两个Facebook账号，每天花大量的时间去寻找各种各样的"极端民族主义话题群组"，并向每个群组里的成员发邀请加好友，以求建立起一个成员横跨欧洲的庞大极端分子虚拟社区。

事后调查显示，布雷维克没有同伙，事件由他一人策划，像极了"独狼"（lone wolf）作风。但是，2019年3月15日，发生在新西兰基督城清真寺的白人极端主义枪击案表明，布雷维克式的"独狼"行动看似独立随机，实则勾连必然，是极端主义思想在网络上传播后引发的一种恐怖主义行为，因为凶手塔兰特称布雷维克是其精神导师。

有研究者指出，当前右翼极端分子已经全面接纳了布雷维克的意识形态，让他的屠杀理论获得了一次"罪恶的丰收"，而这一切都借助网络。布雷维克曾在网上呼吁，创建一个优秀的网站、博客、主页，要像Facebook一样上档次，没有什么方法比网络能更简单、更直接地接触到全欧洲的激进民族主义分子，当然，前提是要用匿名浏览器Tor（The Onion Router，洋葱路由器）躲避政府的追查。②

---

① 2011年7月22日，挪威人布雷维克在挪威政府办公大楼前引爆了威力巨大的汽车炸弹，之后又在首都奥斯陆以西40公里的于特岛，枪杀了参加挪威工党青年团夏令营的人群，共造成77人死亡，300多人受伤。

② 杰米·巴特利特：《暗网》，刘丹丹译，北京时代华文书局2018年版，第60页。

暗网的世界里有各种戾气、粗鄙、污秽、骇人的灰黑地带，参与者有各种攻击谩骂策略，比如垃圾灌水、栽赃陷害、假冒身份、引战、论战①、虐待型攻击、故意激怒、探索人性黑暗、全职找碴儿等。我们需要更加重视这一空间中匿藏的有害网络文化，要进一步强调，暗网虽然具有隐蔽性特点，但绝不是"法外之地"和"避罪天堂"，对于违反《中华人民共和国网络安全法》《互联网信息服务管理办法》《网络信息生态内容治理规定》等相关法律法规的行为，必须予以有力打击。这进一步凸显了提高网络技术侦查能力的重要性，凸显了切实保障公民、法人和其他组织的合法权益、维护公共安全和国家安全的重要性。

四、负面过剩风险：信任冲击

负面热点，有两层含义：一是对党政形象构成消极影响或不利影响；二是关注度与表达活跃度。如果负面热点不断"刷屏"或讨论的"流动性过剩"，甚至溢出社会"可承受的限度"，则可能造成舆论风险。有研究指出，舆论上的鸦雀无声是不正常的，但舆论过热也是"非常态"的。②

负面热点往往由突发事件、敏感事件引发。其中，涉及的议题，如政府管理责任、领导干部不当言行、腐败违规行为、失德失能失信等，更易激活大众的表达冲动。这是一个普遍的舆论规律，因为"坏消息就是好新闻"，"政府的失败比成功更具新闻价值"，"反常比正常更能激发受众的好奇心"。③ 客观来看，这无可指摘，它就是新

---

① 引战和论战是描述暗网行为的两个概念，有重合的部分，但在特征上不同。论战是铺天盖地地辱骂诋毁，引战则更谨慎、更细致、更具想象力。《暗网》作者杰米·巴特利特借用一个匿名用户的解释指出："引战重在克制，只有懂得蓄势待发，才能给对手一记响亮的耳光，高手们常常这样做。"

② 张涛甫、王智丽：《中国舆论治理的三维框架》，《新闻学与传播学》2016年第9期。

③ 赫伯特·甘斯：《什么决定新闻》，石琳、李红涛译，北京大学出版社2009年版，第42页。

闻舆论的内在属性和基本规律。而且，就公众参与热点话题的讨论而言，也是《中华人民共和国宪法》第三十五条赋予公民的言论自由权利。正所谓"人之所以为人者，言也；人而不能言，何以为人"。

但是，理性来看，没有绝对的自由。即使"新自由主义"领军人物弗里德里克·哈耶克（F. A. von Hayek），在谈到自由的时候也强调"法治下的自由"。公民在行使自由和权利的时候不得损害国家的、社会的、集体的利益和其他公民的合法的自由和权利，同样是《宪法》规定的条款。因此，如果围绕某一事件的舆论过热，且围绕这一事件的消息真假难辨、衍生议题持续分岔、发展方向严重偏离正常轨道，致使舆论维护社会规范、整合社会认知、疏导社会情绪、促进社会沟通的作用不能有效发挥，那么，其负效应必然显现，违背公序良俗、诱发非理性宣泄、形成价值紊乱、造成社会撕裂、瓦解政府公信力、破坏公共秩序等情况都会发生，沿着这一链条传导放大，最终将危及个体生命财产安全和社会经济政治安全。

负面热点就像一个"风险点"，在某些条件具备的情况下，比如，在国家与社会关系发生严重扭曲甚至对立的情况下，负面热点会在舆论场形成一个"灾害传播链条"，一旦这个链条上聚集的"易感人群"达到一定规模，必然会形成舆论的风险态势。此种状态下，如果遭遇意外事件或触发因素的刺激，舆论将从人心和头脑中走出，涌上街头，从"精神武器"转化为"现实武器"。

2008年发生在贵州瓮安的"6·28"事件即展现出这一过程。作为一个典型样本，它表现出一个县域社会，是如何在"经济洼地—管理沙地—怨恨高地"的深层次矛盾持续积累，并导致社会与政府关系失调的背景下，因女中学生非正常死亡而引发了一场地方性的社会舆论危机—社会心理危机—打砸抢烧县公安局和县委政府的大规模群体性事件。①

在传统媒体时代，突发事件与舆论的关系相对简单，主流媒体是事件信息的首发者、披露者和掌控者，意见协商、塑造认同的过程主要发生在传统媒体的引导下，社会上的不同论调没有"自己的平台"发声，公众舆论大致"顺从或合意"政府主流舆论。突发事件不会对舆论产生大的影响，舆论也很少对突发事件产生"反作用"。

但是，在新媒体时代，传播技术以"革命"之势，突破了曾经由国家和主流媒体主导的传播权。传播权开始"下移"，为普通大众"赋权"。在技术上和理论上，公众能够在任何时间、任何地点"畅所欲言"，实现"所有人对所有人的传播"，这开启了人人媒体（we media）时代。与此相伴，公众对于传播权的实际运用及其效应，打破了主流媒体的"话语壁垒"，民间话语权逐步"崛起"，普遍大众在网络上形成新的舆论空间。

以 Facebook 为例，用户在这个平台上每天生产 4PB 的数据，包含 100 亿条信息、3.5 亿张照片和 1 亿小时的视频浏览。这些浩如烟海的信息使自媒体成为舆论的"发源地"和"集聚地"，表现为舆论的始点多、热点的回声大、情绪的传染强、意见的碎片多。这种传播环境一旦遇到重大突发事件或热点敏感事件，就会迅速产生舆论沸腾。"东方之星"号客轮翻沉事件、天津港"8·12"瑞海公司危险品仓库特别重大火灾爆炸事故等，网上跟帖和微博讨论分别超过 5 亿次和 55 亿次等，热度指数被不断刷新。如果谣言先行一步或误导信息四处传播，政府信息发布和舆论引导不能及时占领舆论制高点、丧失事件定义权，那么，公众和媒体就会对政府形成心理学上的"负面首因效应"，短期内很难改变。

---

① 参见崔亚东：《群体性事件应急管理与社会治理——瓮安之乱到瓮安之治》，中共中央党校出版社 2013 年版，第 188 页。

一个局部性的安全生产事故，放大为全局性的舆论风暴，分秒之间给国家形象带来重大伤害，给党委政府造成巨大信任危机，在全媒体环境下，并非不可能，几乎是舆论传播链的必然规律。客观来看，突发事件特别是重大人为灾难性事件，必然内生负面信息，也必然引发公众的高度关注和讨论。

但是，并非任何一起负面事件都会造成负面舆论风暴。换言之，负面事件产生负面舆论，但未必一定掀起猛烈的"负面舆论风暴"，致使相关党委政府和部门陷入"负面舆论旋涡"。正所谓"并非每个丑闻都会真正发酵为丑闻"[①]。这其中的影响因素多元复杂，比如，更具竞争性新闻价值的负面事件吸引了媒体和公众的注意力；又如，一些媒体由于专业性、权威性和影响力不强，对负面事件的报道没有产生实际的舆论效果；再如，一些负面事件由于冲击社会道德底线，遭遇大众集体文化心理的内在抵抗和拒绝，等等。然而，必须强调的是，负面事件的责任主体不能放任负面舆论的发酵，不能心存侥幸地试图躲过负面舆论的多面夹击。负面舆论之所以有力量，是因为它能够裹挟公众挑战现有体制，削弱合法性。因此，如何回应负面舆论，才是决定负面舆论是否演变成猛烈的舆论风暴的重要因素。

面对负面舆论，经验总结与广泛的共识是，各级党委政府不仅不应当回避，而且要自觉地接受监督和批评，应当将舆论看作一个自然的、庞大的"反馈系统"，利用各方意见来实现有效的治理。正如习近平总书记所言，"捂盖子"的做法，通过宣传部门"灭火"的想法，在信息社会无异于掩耳盗铃。"要把权力关进制度的笼子里，一个重要手

[①] 约翰奈斯·艾赫拉特：《丑闻的力量：大众传媒中的符号学》，宋文译，四川大学出版社2016年版，第1页。需要说明的是，意大利学者约翰奈斯·艾赫拉特在这本书中对"丑闻的建构性"进行了分析，指出任何事都可能成为丑闻，但不是任何方式都能炮制丑闻——人们必须知道如何去制造它。这并不是说丑闻事由可以想象或发明出来。在丑闻报道中出现真实可靠、无可争辩的事实很重要，但是，微妙的操作更为重要。丑闻要想起作用，必须对完美的形象进行"极化改变"或"原始泛化"。

段就是发挥舆论监督包括互联网监督的作用。这一条,各级党政机关和领导干部要特别注意,首先要做好。对网上那些出于善意的批评,对互联网监督,不论是对党和政府工作提的还是对领导干部个人提的,不论是和风细雨的还是忠言逆耳的,我们不仅要欢迎,而且要认真研究和吸取。"①

但是,不可否认,当前基于全球传播技术变革、中国社会结构变迁、国际政治环境变化三重逻辑叠加创生的舆论生态,呈现出较为复杂的特征。

第一,舆论"极化现象"突出。激进极端声音常常压倒理性温和声音。当然,这未必是极端声音的支持者多,在相当程度上,是理性声音选择了"沉默"。大量的精英分子如冰山一般"冷眼旁观",而底层大众却无法控制地"一点就燃"。②

第二,舆论"光谱化现象"隐现。一方面,网络的大众化让发声群体空间扩张,不再需要中介作为代表;另一方面,经济发展和社会结构的变迁推动了社会利益的分化,网络上大众的背景经验、受教育程度、社会位置、职业身份、立场态度等各不相同,几乎在任何议题上都能形成完整且强烈的意见光谱——从最左到最右。正如李普曼所言:"观众的成分越复杂,对故事的反应差异就越大……各不相同的自我共生在同一树干,有着共同的品质,但是一枝一蔓却都各有千秋。"③他们几乎都介入了公共议题的讨论,但却全部沉溺于私人事务之中。

第三,舆论热点的"泛政治化"倾向凸显。比如,2015年中国中医科学院首席研究员屠呦呦因发现青蒿素获得诺贝尔医学奖。这一新闻事件迅速引来网络热议,赞扬之声不绝于耳,但很快网络舆情却沿

---

① 习近平:《在网络安全和信息化工作座谈会上的讲话》,人民出版社2016年版,第9页。
② 李良荣:《新传播革命》,复旦大学出版社2015年版,第10页。
③ 沃尔特·李普曼:《公众舆论》,阎克文、江红译,上海世纪出版集团2015年版,第130页。

着"点赞叫好—身份质疑—学术体制、政治制度评判"的路径演化,最终泛化为对科研评奖制度和国家制度的质疑甚至否定。① "泛政治化"现象中,舆论主体善于使用独特的网络标签语言,比如"恨国党""带路党""极左""强国人"等。与此同时,各种思潮也在互联网上交锋,可粗略划分为四种:一是自由主义;二是狭隘民族主义;三是民粹主义;四是历史虚无主义。多元思潮的泛滥造成"主旋律不明、噪音四起"的局面,使执政环境更加复杂。②

第四,境外力量推波助澜,对热点事件的介入易于挑起民众与政府的对立情绪。教育、住房、环境、医疗、教育、安全等民生问题往往是网络风暴的"触发点",民族、宗教、藏疆港台等问题则是西北、东南、海内外遥相呼应的"聚合点",③ 这些议题经过舆论发酵、话题嫁接和观念引导,可能形成瓦解公众政治认同的风险点。

第五,社会阶层意识呈现"下移倾向",其中包括一些按"经济收入"和"职业身份"等指标客观上应该划为中间阶层的群体。这类群体的"阶层意识下移",意味着中间阶层对自身面临社会问题的解决能力的认知和预期下移,在一定程度上可被视为观测社会不满和社会情绪的指标,反映在舆论场,则形成"无权者的权力表达"的语调和语态氛围。

第六,社会情绪,特别是负向情绪引爆点低、爆发烈度大,这与上述"阶层意识下移"密切相关。中国的改革步入深水区,微观层面的修修补补无济于事,宏观层面的重大调整则举步维艰,频发的各类事件导致社会情绪的"耐受性低",一旦出现诱发因素,情绪强度迅速上升,极易产生舆论险情。

第七,舆论主体的认知逻辑难以校正。一方面,党委政府普遍遭

---

① 参见李明德、李巨星等:《网络舆情中泛政治化现象的动力机制与因应策略研究》,《情报杂志》2016年4月第4期。
② 李良荣编:《新传播革命》,复旦大学出版社2015年版,第10页。
③ 参见黄楚新:《当前我国网上意识形态研判》,《人民论坛》2018年第5期。

遇信任危机，猜忌、不信任弥散为一种社会心理。在绝大多数事件的处理上，党委政府都会被贴上权力滥用、部门利益、贪污腐败、低效无能、推诿卸责、官僚主义、形式主义等标签，落入"塔西佗陷阱"；另一方面，在传统文化心理上，社会大众主观上认为政府是负责一切的，所以，出现一切问题，都应由政府负责。党委政府在客观上不得不面对无限事务的"有限能力"与大众寄望的"无限责任"之间存在的冲突。

在这样的背景下，负面热点同负面认知、负面思维、负面情绪相互耦合、强化，极易形成舆论震荡，甚至引发舆论的决堤与溃坝。极端情况下，舆论会以兵不血刃的方式向政权发起冲击。反观前些年的西亚、北非乱象，无不是借助负面信息、虚假信息所具有的舆论效应动员群众抗议，要求特定领导人下台，进行政权更迭。

关于负面热点，南京大学丁柏铨教授曾做过专门研究，并区分了五种类型。① 第一类，纯属低级趣味和低俗无聊的内容，比如不恰当地涉性、涉肮脏污秽的事物。第二类，包含灾害、意外事件等造成人身伤害和财产损失的内容，给公众带来悲伤、痛苦乃至巨大创痛。第三类，属于错误的乃至腐朽没落的价值观，比如推崇金钱至上、赞赏争豪斗富、宣扬爱富嫌贫等，有可能侵害和腐蚀人们的灵魂。第四类，包含社会不公平不正义、违法违规违纪等方面的内容，比如官商勾结、权钱交易、权力寻租、知法犯法、徇私舞弊，以及劳资纠纷、拖欠农民工工资等，有着令人痛心疾首的内涵。第五类，包含反社会或对国家安全构成危害的思想和行为，在思想上误导甚至贻害公众，搅乱人心，甚至危及社会稳定和国家安全。对于这五类负面信息，新闻媒体应按照"新闻认识论价值"和"与公众利益相关程度"两个标准，选择报道或不报道。

---

① 参见丁柏铨、陈相雨：《"负面新闻"及相关概念辨析》，《南京社会科学》2010 年第 1 期。

对第一类情况，不具备新闻认识论价值，媒体不应占用版面和时段等公共资源报道。对第二类情况，不能不闻不问，不仅应当核实报道，而且要体现出应有的人文关怀。对第三类情况，应当用批判的态度进行报道和评论，以引起社会的警觉和思考。对第四类情况，媒体应从维护社会公平正义和法纪的角度进行鞭挞，发挥一定的鉴戒作用。对第五类情况，媒体应当予以揭露和批判。这一分类研究虽然是从媒体选题报道的角度展开的，但对于党委政府进行舆论引导和调控同样具有借鉴作用。

公共舆论空间在本质上是属于大众的。因此，它拥有大众生活的一切特性：精华与糟粕、建构与解构、共识与分歧、理性与偏激、极左与极右、夸赞与辱骂、惩恶与扬善、服从与反对、光明与黑暗等。导向正确，就能成风化人、辨清是非、凝心聚力；导向错误，就会颠倒黑白、动摇人心、瓦解斗志。因此，必须要对负面热点保持警惕，进行分类处理、恰当调控，既要允许舆论监督和批评，又要防止负面热点被误导者利用，产生过热舆论能量，造成重大舆论风暴。

五、谣言传播风险：舆论干扰

谣言，古今中外，无处不在。它竭力使人信服，把自己包装得更加专业化、具有战略性、不需要证据，像一种舆论传染病。当公众不认为它是谣言时，便大肆传播。然而，致命的危害恰在于此："群体认为是真的，那就是真的。"[①] 公共舆论风向与氛围的突变，很多时候就来自被信以为真的谣言。

突发事件、热点事件向来是谣言的沃土。由于人们特别渴望了解

[①] 让-诺埃尔·卡普费雷：《谣言：世界上最古老的传媒》，郑若麟译，上海人民出版社2008年版，第12页。

在他们周围到底发生了什么，因此，事件越大，围观的"吃瓜群众"也越多。人们不仅想了解主流媒体的权威信息，也想了解都市类媒体、国际媒体的报道和视角，更想了解没有被专业媒体报出的所谓"小道消息""秘密""未删减版""内幕""政治人物信息"等内容。但凡一些信息被贴上这种标签，人们就会不自觉地去"窥探究竟"。谣言正是在这个地带诞生的。

在学术界，一个被广泛接受的谣言传播模型，是由两位美国心理学者奥尔波特（Gordon W Allport）和波斯特曼（Leo Postman）在1947年出版的《谣言心理学》一书中提出的R＝I×A公式，即谣言（rumor）由事件的重要性（importance）与模糊性（ambiguity）共同作用产生。法国学者让-诺埃尔·卡普费雷在《谣言：世界上最古老的传媒》一书中对此进一步解释，假如重要性等于零，或者事件本身并非含糊不清，谣言就不会产生；当人们希望了解某事而得不到官方答复时，谣言便会甚嚣尘上，这就是"信息的黑市"。[①]

此后，谣言传播的影响因素被学者们不断扩展和深化，谣言传播机制被逐步修正，也越来越细化，如：

$$谣言影响力 = \frac{(不确定性＋重要性＋新闻价值＋相关性＋刺激性) \times 媒体传播}{判断力＋透明度＋管控能力}$$

这个公式，更强调媒体传播对谣言的放大作用，以及个体对谣言的判断力、信息的透明度和政府的谣言管控能力"三要素"对于谣言传播起到的抑制作用。当然，这些要素并非缺一不可，不是某一要素为零，谣言就为零。因此，除了媒体传播这一渠道的必不可少外，各要素之间是"相加关系"，而不是"相乘关系"。

基于对谣言传播机制的深化认识，在谣言的治理上，人们常常

---

① 让-诺埃尔·卡普费雷在引述奥尔波特和波斯特曼的观点时，指出这两位研究者供职于"二战"时的美国战争情报处，担负着控制谣言消长起伏的任务。在一定程度上，他们倾向于说明谣言是对现实的一种歪曲，在流传中只能走向错误。事实上，并非所有的谣言都产生于需要解释的事件，有些谣言具有战略性，其目的是制造事件本身。

强调四种方式：一是管控能力，公安要加大打击谣言力度（法律手段）；网信办要强化监管责任（行政手段）。二是传播平台，媒体要把好关不传谣，平台要担负起主管责任（行业自律）。三是公众，要增强判断力，不传谣不信谣，"谣言止于智者"（受众自觉）。四是涉事部门，要及时公开信息，"谣言止于真相""谣言止于公开"（主体公开透明）。

尽管在实践中采取这些方式取得了一定的成效，但谣言不断升级变种，以更高明、更专业的方式在舆论场"招摇穿行"。

谣言要戴上"可信的面具"才能增强传播效果。如果不可信或不被信，就不可能引发公众的参与传播。毕竟，谣言被"发现之时"即是"终结之日"。喻国明教授对腾讯大数据筛选鉴定的6000＋谣言文本进行了分析，指出"网络谣言的叙事结构有一定的程式"。一是采取"开门见山""高举高打"的方式，引用权威事实，以达到顶天叙事的高度。二是运用"现身说法"，用第一人称讲故事，增强可信度。三是借用"权威数据或专家结论"做实结论，引用国外《自然》《柳叶刀》等权威杂志研究却不做注释，或者借用诺贝尔奖获得者、院士名号来增强结论的可靠性和可信性。四是用"专业词汇"包装。比如，在天津港"8·12"特别重大火灾爆炸事故中广泛传播的所谓"灭火原则"（burn down），事后被证明没有这个消防术语。这属于"高质量"的谣言，往往比单纯的"煽情式谣言"更具生命力和繁衍力。五是用图片和视频来传播谣言。这类谣言的危害特别大，主要是"有图有真相"的思维定势加上强烈的视觉冲击，让信息接收者来不及判断，仅仅是凭借第一反应，就信以为真，很快加入传播者行列，随手转发。[①] 正如李普曼所指出："即使对训练有素的法学专家来说，把反应推迟到真相大白之后是多么困难。反应是突如其来的。虚构被信以为真，因为

---

① 参见喻国明：《网络谣言的文本结构与表达特征——基于腾讯大数据筛选鉴定的6000＋谣言文本的分析》，《新闻与写作》2018年第2期。

人们迫切需要这种虚构。"①

除此之外,谣言传播的动力机制在一定程度上还来自经济利益,称为"谣言营销"。一般来说,一个拥有5万粉丝的微信号,一条广告价格在1000元到2000元不等;粉丝量超过10万,微信广告价格可超5000元。至于坐拥50万粉丝的微信大号,一条广告可卖到上万元。同时,微信的转发量和阅读量也和广告费挂钩,这也是不少公众号挖空心思、造谣传谣、借机牟利的真正原因。

网络谣言,作为一种舆论现象,几乎覆盖了大众日常讨论的各个领域。有研究将网络谣言分为7类,分别是科学常识、社会时政、军事领域、国际领域、历史文化、明星八卦和财经新闻。通过对微信2017年1月1日至9月1日的样本数据分析发现,科学常识类谣言占网友举报的47.1%,近1/2;社会时政类占27.5%,近1/3;其次是明星八卦类,占15.4%,历史文化类占5.9%,军事类占3.3%,财经类占0.8%。②

谣言对于公共舆论环境和社会秩序的扰乱是不言而喻的。比如2009年7月,河南杞县"钴60爆炸"谣言几乎造成全县逃离;2011年日本"3·11"大地震福岛核泄漏事件,在中国引发"碘盐防辐射,海水污染影响海盐生产"的谣言传播,导致多地产生"恐慌性抢盐潮";同年2月,江苏盐城市响水县关于"陈家港化工园区爆炸"的传闻,引起万名群众惊慌失措、连夜逃离,混乱中造成4人死亡。虽然谣言的源头在事后得到追查,但造成的影响却覆水难收。

一般来说,造谣者都有某种主观意图或动机。典型的例子是被网民戏称为"谣王的秦火火",自称要"谣翻中国",通过蓄意制造谣言,

---

① 沃尔特·李普曼:《公众舆论》,阎克文、江红译,上海世纪出版集团2006年版,第14页。
② 参见李彪、喻国明:《"后真相时代"网络谣言的话语空间与传播场域研究》,《新闻大学》2018年第2期。

击中社会痛点、放大社会矛盾、侵害他人名誉、激发社会情绪、扩大网络影响，来获取名利。[①] 据媒体报道，秦火火信奉"谣言并非止于智者，而是止于下一个谣言"，越是遇到热点事件，越是要蓄意"拱火"，要利用"制造谣言与澄清真相"之间必然存在的"时间差"快速传播谣言，以达到自身目的，造成社会负面影响。

这种负面影响甚至具有"持续效应"（continued influence effect）。认知心理学的解释是，虚假信息一旦被人的记忆编码之后，被激活的信息就会持续发挥影响，不易消失，特别是虚假信息中提供了有关事件的因果解释而纠错信息并未提供替代性因果解释的时候，将会产生一种持续影响。这些先入为主的信息，即使事后经过辟谣也不能完全消除影响，因为这种信息可以轻易从个体的记忆中得到恢复。这就是为什么"谎言重复一千遍就会变为真理"的原因。

政治类谣言作为一种特殊信息，在中国历朝历代都不曾缺位，在其他国家也大量存在。狭义的研究将政治类谣言界定为针对政治人物、政治体制和政治事件的谣言。[②] 广义的研究将政治类谣言界定为涉及领土主权、民族分裂、恐怖主义、政体政权、政治腐败、主要社会矛盾、涉军、涉警、主流意识形态，以及政治人物、政治事件等议题，并会对政权完整性、政治合法性、执政秩序与公信力、主流意识形态及政治文化影响力、民众的政治心理和社会心态等方面产生负面影响。

有研究结合全息建模（HHM）理论指出，网络谣言的演化存在政治安全风险，涉及主体、信息和环境三个层面的多元风险要素在谣言信息流转与能量交互中协同演化和联动耦合，并形成一条非线性、

[①] 秦火火在网上传播较广的帖子有《今天我打了城管一个耳光》《动车事故外籍旅客家属获赔2亿元天价》等。2014年4月11日，北京朝阳区法院开庭审理了"秦志晖涉嫌诽谤、寻衅滋事案"，被判有期徒刑3年。王治国：《"秦火火"诽谤寻衅滋事案今日开庭》，《检察日报》2014年4月11日。

[②] 参见杜志强、支少瑞：《网络政治谣言的危害及治理》，《中州学刊》2019年第4期。

复杂多变的安全风险链,从而不断进行着安全风险的累积、扩散与消减。为了明确说明这一点,转引表3-1如下:

表3-1 谣言形成中的多元风险因素

维度	层级	风险因素
主体维度	个体层面	①政治意图与政治动机
		②合乎主观认知,满足心理需要
		③态度、情感、习惯等刻板印象
		④情绪宣泄、从众倾向等个人非理性的应激反应
		⑤公众的网络素养
	群体层面	①群体感染与群体暗示
		②群体无意识和群体极化
		③网络大V、网络推手等的活跃度
		④群体的信息辨识力
	媒体层面	①媒体传播及其联动性
		②网络信息监管的有效性
		③舆论引导的主动性与可信性
	政府层面	①权威信息主体缺位
		②官员公信力不足
		③国际政治斗争中的网络煽动
		④谣言应对的时度效不足
信息维度	信息内容	①谣言主题的热敏度
		②谣言包装的可信度
		③内容表达的明细度
		④谣言信息的异化程度
	信息传播	①信息传播的交互度
		②谣言存续的时长
		③谣言演化的阶段性
		④权威信息的缺失

续表

维度	层级	风险因素
环境维度	政治层面	①政务信息公开的及时性
		②网络政治生态的平衡性
		③网络政治传播的引导力
	社会层面	①公众的社会心态
		②社会矛盾的累积与紧张程度
		③网络空间主流价值观的影响力
	技术层面	①信息传播的匿名效应
		②网络传播的跨时空性
		③网络谣言影响的广泛性
	制度层面	①制度化表达和参与渠道缺失
		②网络空间法制体系的不健全
		③安全风险防控机制的不完善

资料来源：《面向政治安全的网络谣言生态治理》，《现代情报》2018年第10期。

这一分析虽然过于复杂，但总体上对谣言传播产生政治安全风险的影响因素作了系统分析，并在此基础上设计出了一个整体性治理的框架参照，如图3-1所示。

"每个人都可以有他自己的观点，但不可以有他自己的事实。"然而，"谣言"，作为编造的事实，发现了进入人们头脑与心灵的途径——只需契合人们现有的偏见。[1] 谣言可以大行其道，肆意传播，不仅有社交媒体为其助力，日益进化的算法也为其助力，用户的每一次搜索和点击都会暴露其兴趣、立场和偏见，谣言也随之"进化"，包装得更可信、更易激发偏见和情绪，然后借助社交圈群和算法潜入个体心智，影响受众对于外部世界的看法。蓄意颠倒黑白的谣言在很大程度上影响

---

[1] 参见胡泳：《后真相与政治的未来》，《新闻与传播研究》2017年第4期。

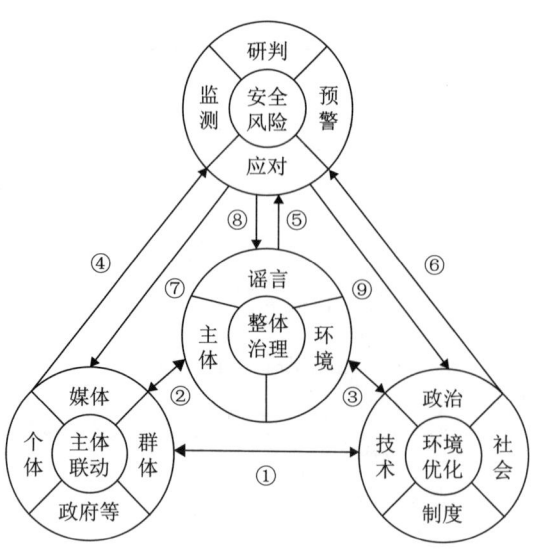

图 3-1 谣言的整体性治理框架

注：①②③为信息流、能量流；④⑤⑥为信息流、数据流；⑦⑧⑨为风险反馈

资料来源：《面向政治安全的网络谣言生态治理》，《现代情报》2018 年第 10 期。

社会心态、动摇政治认同、引发政治风险，因此，需要高度重视网络谣言风险，提升网络治理体系和治理能力的现代化。

六、信息生产逐利风险：公共争议

互联网在中国的发展，本质上是技术、市场、社会和国家力量"四轮驱动"的结果。其中，市场力量的核心目标是追逐利润，在缺乏相应法规制度、道德约束和社会监督的前提下，一些以市场为取向的大众媒体和网络媒体，会像一匹脱缰的野马，追求最大化的阅读量和点击量。于是，客观、真实、准确、平衡等新闻价值被牺牲，虚假、刺激、煽情、恐怖、丑闻、新奇、极端等内容成为吸引读者的手段，便不足为奇。在相当程度上，这属于"逐利式"信息操纵（information manipulation）。

从商业角度看,"引爆点""社会性营销""病毒式疯传""网红直播"等,都是通过社交媒体进行营销的一种方式,无可厚非。但是,只唯经济利益,不顾社会责任,就会对网络环境这一人人享有的"公共信息空间"造成严重破坏。

比如,借助搜索工具的"过滤优势",进行竞价排名,以出价高低来决定"信息的可见度",屏蔽负面信息,主导新闻话语,操纵公民知情范围,就是一种典型的信息操纵。搜索引擎是当今社会堪称最为重要的"公众信息服务"和"新闻把关人"之一,然而,在伦理上却少有"用新闻媒体的标准"来要求的,这值得警惕。[1]

再如,2016年的现象级公众号"咪蒙",总阅读量一度高达7.4亿次。在回应"什么样的文章阅读量高"时,"咪蒙"竟称"热点、金钱、性和暴力"。对此,复旦大学新闻学院张涛甫教授指出:"'咪蒙'的世俗成功归因于她的'带毒营销'……咪蒙的毒不是剧毒。咪蒙的毒,不是明火执仗与体制对决的那种毒,也不是冲着正门打家劫舍的那种毒,而是一种轻度、隐性、弥散性的毒。咪蒙的毒性不是棱角分明的政治毒性,而是那种社会化的毒性。"[2] 这种以极端劲爆语言迎合社会槽点,沿着"社会价值观斜坡"向下滑的逐利式情感贩卖,对于社会公共理性的伤害是不言而喻的。

从网络秩序角度看,一些网络公关公司、网络营销公司,出于不同的利益诉求,替客户张贴广告网文、攻击竞争对手、策划热点事件,经过了从"业余化""个人化"到"职业化""组织化"的发展过程,已经逐渐发展为一个行业。这个行业最显见的网络运作形态就是"推"和"打",分别被称为"网络推手"和"网络打手"。他们雇佣、组织大量发帖人,冒充普通网民在网上密集发帖,通过将事件包装成"网

---

[1] 何威:《网众传播:一种关于数字媒体、网络化用户和中国社会的新范式》,清华大学出版社2011年版,第268页。

[2] 张涛甫:《咪蒙,是一种什么毒》,载上观网,https://www.jfdaily.com/news/detail?id=49684。

络原生态"内容,运用虚虚实实、假假真真、投其所好的策略,抓住网民心理,让网友不知不觉地跟随他们一起转贴、讨论、尖叫、呼喊,起到隐性操纵网民的效果。网络打手更甚,有些突破道德底线,制造和传播虚假谣言,攻击、诋毁、诽谤自己"金主"的竞争对手,对正常的舆论环境和网络秩序造成严重破坏。

有研究指出,"网络推手"之所以泛滥,与各大网络媒体的默许甚至合作有极大关系。推手公司和网络媒体的编辑、版主们之间存在千丝万缕的人情关系或利益关系。不论是给推手的帖子"置顶""加精""推荐",还是"删除负面信息",在业内都成了一种可交易的潜规则。一些网络爆料指出,买"微博热搜"非常普遍,在这方面需求最多的是文艺明星。一般来说,如果要求上热搜且排到前10的位置,1小时约2万元不等;若再加上大V转发、水军刷词条,平均1个明星上热搜2小时,需要10万元左右。网络推手让互联网成为资本集团兴风作浪的场所,挤压了普通民众获取可信赖信息的空间,严重破坏了网络社会的信任资源。正因为如此,习近平总书记反复强调:"我国互联网市场也存在一些恶性竞争,滥用市场支配地位等情况。""办网站的不能一味追求点击率,开网店的要防范假冒伪劣,做社交平台的不能成为谣言扩散器,做搜索的不能仅以给钱的多少作为排位的标准。"[①]

近年来,网络直播平台崛起,既加速了个体传播内容视觉化的进程,又拓展了新的传播场景收入来源。以短视频为例,2019年抖音的日活跃用户量已突破4亿,快手的日活跃用户量在2019年上半年也突破2亿。[②] 一些投资者或网络主播常常利用"网络推手"来为自己造势。于是,博人眼球、制造爆点、秀下限、比低俗,甚至不惜用"直播车祸"等各种招数,来涨人气、吸引粉丝关注打赏,甚至发动粉丝

---

① 习近平:《在网络安全和信息化工作座谈会上的讲话》,人民出版社2016年版,第21、23页。
② 参见张志安、冉桢:《互联网平台的运作机制及其对新闻业的影响》,《新闻与写作》2020年第3期。

攻击竞争对手。各种乱象，可谓层出不穷。

可以说，只要有一种新型传播平台创生，就伴随着一种"谋利使用"，或者进一步说，传播平台创生的使命就是谋利需要。从商业角度来看，这是市场活力所在，是技术创新的内在驱动力。然而，需要明确的是，信息传播领域不同于其他商业领域，有媒体属性和公共属性，看上去仅仅是技术平台，工具意义大于价值意义，但实际上，其组织化运作及规模化使用，会逐步产生出自身的意识形态和价值观，其把关机制会对社会文化、社会心理、社会预期以及社会的整体结构与权力运作过程产生潜在影响。从风险管理的角度来看，这一点值得关注，且需要深入研究。

从公共舆论角度来看，网络推手的营销策划范围并不限于商业领域，涉猎公共政策领域、涉法涉诉领域，甚至政治领域，并不少见。有学者指出，在网络推手中，有一类是"涉政推手"。他们对政治事件有很强的参与性，目的是影响舆论、激发民怨。[1] 2016年8月，天津市第二中级人民法院公开审理的周世锋等4人颠覆国家政权案，说明了"涉政推手"在炒作热点事件、散布"推墙"理论、颠覆国家政权中的作用。

类似的情况，还有媒体披露的陈杰人案。其基本套路是利用新媒体注册各类微博、微信、头条账号，以"法律和舆论监督"之名，行敲诈勒索非法敛财之实。在媒体的采访报道中，可以看到他对此的介绍，把地方工作中的小瑕疵、小问题无限放大并上纲上线，利用领导干部对政治敏感性的谨慎心理，迫使他们为了防范政治风险的扩大化而就范。[2] 这种情况屡见不鲜，人民网曾转发一篇报道称，网民通过网络推手"鸣冤"，后因不满炒作效果状告推手，最终法院判决：原告

---

[1] 参见谭九生、邓利珠：《网络推手对国家政治安全的消极影响及整体治理》，《湖南财政经济学院学报》2015年第2期。

[2] 苏砥：《玩弄公众善意不可能走得长远》，《人民日报》2018年8月19日。

的目的不正当；被告的"有偿新闻行为"也为新闻出版部门明令禁止；原、被告行为均违法，据此驳回原告请求，并收缴被告从原告处获取的报酬。①

"凡是资源，就能换钱。当舆论作为一种资源出现，就可以用来赚钱。"② 据 Smart Insight 统计，百度每天面临约 60 亿次的搜索请求，Google 每秒要处理 4 万多次搜索。这意味着，如果信息过滤平台唯利是图，不能在经济利益、信息安全、公共责任之间把握平衡，就会扰乱正常的舆论环境。同样，微博、微信、今日头条、抖音等互联网平台，已深度渗透人们的日常生活，成为移动阅读、即时社交、在线消费等数字生活不可或缺的基础设施。一些大 V、网络推手，或者"新意见阶层"，如果不是正常地进行意见表达，而是追求经济利益或政治目的，制造虚假舆论热点，那么一些看似维护公平正义的意见观点，实际上就是混淆视听、祸乱舆论环境，会对利益相关方造成舆论暴力，甚至会干预司法审判、影响政策决定。由此，必须警惕这一现实存在——流量经济刺激下，写手、推手、公关公司、新媒体等信息产品的生产者，其报偿只与关注度、活跃度有关，而与内容是否真实、是否客观、是否正确无关。

麦克唐纳（Hector Macdonald）在《后真相时代》一书中曾指出："每个人都有意图，沟通者自然会选择有助于推进个人意图的真相。他们的意图可能是善意的，也可能是恶意的；可能符合听众的利益，也可能与听众的利益相冲突。"③ 在纷繁复杂的舆论涨落背后，隐藏着人们的动机，有的是倡导者（advocate），用事实呈现比较准确的现实图像，以实现建设性目标；有的是误传者（misinformer），无意中传播歪曲现实的片面真相；还有的是误导者（misleader），故意用部分竞争性真相

---

① 参见李自庆、张伟、罗双江：《炒作"鸣冤"失败，状告网络推手要退钱》，人民网 2014 年 10 月 10 日。
② 赵强：《舆论的脾气》，湖南人民出版社 2018 年版，第 21 页。
③ 赫克托·麦克唐纳：《后真相时代》，刘青山译，民主与法制出版社 2019 年版，第 15 页。

来营造他们明知道不正确的现实。个体或组织化的不当意图,介入信息生产领域,被包装成"有卖相""口感好"的"快餐食品",看似解渴饱腹,实则是毫无营养的"垃圾食品",对于社会集体健康毫无益处。

七、西方传播效应风险:无形之手

潜移默化的宣传是最好的宣传。长期以来,知识界有一种看法,美国没有宣传部门,强调新闻自由,媒体构成"第四种权力"对于政府进行监督。那么,这是不是说美国对于媒体及其信息传播完全不施加控制和影响呢?

(一) 美国的对外传播管理

在英国经济史学家的研究中,曾使用过一个概念——"自由贸易帝国主义"。这个概念是指:"与弱国签订或强加给弱国的自由贸易协定,在条件可能时进行非正式控制的贸易,在条件不可能时按规则进行贸易。"其实质是"放弃侵占并不代表不愿意控制"[①]"非正式控制"的获利被包装的完美无缺。

被誉为20世纪最具原创性和影响力的美国传播学者赫伯特·席勒在《大众传播与美帝国》一书中指出:"如果说'自由贸易'是一种经济强国用来渗透和支配经济弱国的手段,那么,'信息自由流动'原则——顺便提一下,它被指定为联合国科教文组织的目标——就是一种将生活方式和价值观强加于弱小国家的渠道。……要理解信息输出通过向弱小的信息接收国传播无形的信息而得到的物质利益特别复杂……信息出口的利益是无法确定的。"[②]

第一次世界大战爆发后,美国总统伍德罗·威尔逊(Thomas

[①] 赫伯特·席勒:《大众传播与美帝国》,刘晓红译,上海译文出版社2013年版,第7页。
[②] 赫伯特·席勒:《大众传播与美帝国》,刘晓红译,上海译文出版社2013年版,第8页。

Woodrow Wilson）于1917年成立了公共信息委员会（CPI），任命乔治·克里尔（George Creel）为主任，因此，公共信息委员会也称"克里尔委员会"。克里尔委员会有大名鼎鼎的公共舆论研究先驱人物沃尔特·李普曼（Walter Lippmann），以及享有"近代公关之父"美誉的爱德华·伯内斯（Edward L. Bernays）。该委员会招募了7500名演讲志愿者做"4分钟演说员"，在全国巡回演讲超过75万次，其统一的叙事主旨为"这是一场为了结束一切战争而进行的战争""这是为了实现民主主义，拯救世界""那是为了推翻挑起战争的德皇"等。该委员会下设新闻部、广告部、画报宣传部、卡通办公室、特写部、"4分钟演讲人"部、演讲部、电影部、公民与教育合作部、妇女战争工作部等机构①，几乎整合了当时全部媒介传播形式进行全方位的信息覆盖，开创了里程碑式的美国宣传。1919年，战争结束后，美国解散了公共信息委员会。

20世纪30年代后期，罗斯福强调"美国的安全依靠的是与其他国家民众沟通的能力，以及赢得其他国家民众支持的能力"。鉴于德国人在拉丁美洲的宣传，美国在1938年成立了隶属国务院的文化关系司，后又增设了美洲国家事务协调办公室，在拉丁美洲促进美国信息和文化的推广。1939年德国对拉丁美洲的广播是每周7小时，而美国达到12小时，至1941年底，则实现了全天24小时广播。同年，罗斯福在国务院设立外国情报宣传局（Agency for Foreign Intelligence and Propaganda）。

1942年6月，珍珠港事件发生半年后，罗斯福成立了战时信息办公室（OWI），后来又成立了战略情报局（OSS）。两者之间的最大区别在于，战时信息办公室使用有事实根据的公开信息，负责"白色宣传"，而战略情报局则使用谍报或假情报，负责"黑色宣传"。② 这两

---

① 参见爱德华·L.伯内斯：《舆论的结晶》，胡百精、董晨宇等译，中国传媒大学出版社2014年版，第5页。

② 参见渡边靖：《美国文化中心：美国的国际文化战略》，商务印书馆2013年版，第19页。

者分别演化为后来的美国新闻署（USIA，1953）和美国中央情报局（CIA，1947）。第二次世界大战期间，战时信息办公室一度掌控了好莱坞，对电影内容提出各种增加和删减建议，拒绝给某些作品核发放映许可证，把电影产品塑造成了有效的宣传工具。与此同时，"美国之音"也迅速发展壮大，并在冷战期间迅速扩张，将广播语种增至53种。

到了杜鲁门时代，美国已经将传播能力视为与经济实力同等重要的、能够促成"美国世纪"的一种手段。在国与国之间，言论自由被解释为美国的大众媒介可以在世界各地不受限制的传播信息。[①] 1953年，美国成立新闻署，并视其为公共外交的核心机构。1999年，美国新闻署被撤销，其职能归入国务院，从而更接近政治中心。

冷战后，美国媒体在全球的覆盖率一度急剧下滑。然而，"9·11"恐怖袭击让美国再次发现，在国际舞台上传播、掌控和解释信息，具有无与伦比的权力。2001年10月11日，小布什在白宫记者会上指出："我非常惊讶，人们对美国的误解竟然如此之深，他们竟然会恨我们……和许多美国人一样，我真觉得难以置信。因为我觉得我们很不错，我们需要在展示自己这方面下更大的功夫。"[②] 为此，白宫专门设立了全球通信办公室（OGC），目的在于重新调整一直分散在政府各个机构的公共外交职能。

2008年，借助于强大的网络动员能力而当选美国第44任总统的奥巴马上任伊始，即任命了联邦政府历史上第一位首席信息官和首席技术官，随后提出"大数据战略"，并于2012年启动"大数据研发计划"，将大数据看作"未来的新石油"，认为对数据的占有和控制，是除陆权、海权、空权之外的另一种国家核心能力。正所谓"得数据者

---

① 参见赫伯特·席勒：《大众传播与美帝国》，刘晓红译，上海译文出版社2013年版，第5页。

② 约瑟夫·奈：《软实力》，马娟娟译，中信出版社2013年版，第167页。

得天下"美国历史上的对外传播管理情况详见表3-2。

表3-2 美国历史上的对外传播管理

年份	成立机构	职能或性质
1917	公共信息委员会（CPI）	"一战"期间开创了里程碑式的美国宣传
1938	文化关系司（CU）	隶属美国国务院，开展文化外交
1939	美洲国家事务协调办公室（CIAA）	在拉丁美洲展开宣传，每天广播12小时
1942	战时信息办公室（OWI）	白色宣传：借助美国之音和好莱坞推销美国文化和价值观
1942	战略情报局（OSS）	黑色宣传：散布假情报和谣言
1953	美国新闻署（USIA）	形成与硬实力"遏制"相配合的软实力"瓦解"策略，争取冷战胜利
2003	全球通讯办公室（OGC）	应对塔利班宣传

（二）冷战中的舆论战

1967年美国国会在听证会上以"赢得冷战：美国的意识形态攻势"为题，详细阐述了意识形态作用与外交政策的关系：

许多年来，军事和经济权力，或独立地或联合地为外交服务，成为外交的支柱。如今它们仍然发挥着作用，但最近大众对政府影响力的增加，再加上20世纪同时发生的革命使部分领导者对人民的强烈愿望有了更多的认识，这又给外交政策的实施创造了一个新的维度。有些外交政策的目标是通过直接影响他国的人民，而不是影响他们的政府来实现的。通过使用现代传播手段和技术，如今能够影响一个国家的大部分民众或有影响力的民众——告知他们信息、影响他们的态度、甚至有时可以动员他们采取特定的行动。这些群众反过来可以给他们的政府施加重要的、决定性的压力。①

---

① 参见赫伯特·席勒：《大众传播与美帝国》，刘晓红译，上海译文出版社2014年版，第25页。

第三章 意识形态领域主要风险源分析

冷战期间，美苏两国在宣传领域从未放弃过博弈。尤其是在后期，双方展开了"舆论战"。被誉为"改变五角大楼的八朝元老"、冷战后美国军政界"活化石"的美国前中情局长、国防部长罗伯特·盖茨在《亲历者》一书中回忆：1986年，当两个超级大国在第三世界的激烈竞争使回暖的政治对话变得更为复杂时，两国的情报活动开始活跃起来。1985年1月，克格勃接受的一项重要任务就是，制造证据或"合乎情理的谣言"，证明美国参与了刺杀印度总理英迪拉·甘地。在非洲，克格勃指责美国中情局制造了艾滋病。这些活动的确引发了一些反美情绪，有些谣言甚至很有生命力，即使在苏联解体之后，仍在一定范围内传播。

不过，盖茨也坦承，美国中情局当时也没闲着。例如，在波兰，他们做了如下工作：

3月，我们印制了四万张明信片，并偷偷运送到波兰，明信片上一张波皮鲁斯科神父（Father Popieliusko）的照片（波皮鲁斯科是一名波兰牧师，被安全人员殴打），上面还印着他的一些布道词。

5月，在波兰与比利时举行足球赛期间，我们组织了一场支持团结工会的示威活动，制作了一面20英尺宽的横幅，清晰地出现在波兰（和其他国家）的电视屏幕上。

11月，当戈尔巴乔夫与里根在日内瓦举行第一次峰会时，我们想尽了一切办法，让他感到自己不受当地人的欢迎。中情局动用所有手段，在日内瓦参加了许多反苏示威、会议、展览和其他活动。此外，我们还在日内瓦首次宣传了苏联在柬埔寨事件中的作用，吸引了媒体的广泛关注。

1985年到1986年，中情局支持了许多示威、抗议、集会、会议、媒体文章、电视节目、展览活动，促使世界人民关注苏联对阿富汗的侵略。这些活动都是秘密进行的，与美国之音和其他美国官方渠道的公开宣传起到了相互补充的作用。

1985年，中情局还公开实施了一些针对苏联的行动。最重要的是宣传苏联对西方和日本技术的盗窃行为。美国政府高层完全同意制作一份文件，中情局编织了一份非保密文件，题目是"苏联获取西方的重要军事技术"。9月初，中情局印制了5万份"白皮书"，由国务院和国防部向世界各地传播。

对于上述活动的作用，[①] 盖茨写道："这些乃至其他无数秘密活动对冷战战果并没有起到决定性作用。有些甚至起到了反作用，使美国主动接触苏联的外交活动变得更为复杂和困难。但是大部分宣传是有益的，尤其苏联人权问题和具体案件的宣传、支持波兰团结工会的宣传，都使世界关注苏联的行为，迫使他们改变自己的行为方式。"[②]

客观来看，要解释冷战这个巨大的政治结构为何瓦解，从美苏两国内部的经济、社会、军事、政治状况，以及以这两国为中心的国际政治经济军事环境等综合因素考察更为恰当。但是，不可否认，宣传战和心理战在其中的作用。俄罗斯的诺贝尔奖获得者亚历山大·索尔仁尼琴和捷克共和国首任总统瓦茨拉夫·哈维尔都曾回忆那个时代——自由欧洲和自由电台传来的信息是他们在冷战期间的巨大心理支柱。

（三）不可避免的意识形态挑战

西方国家与苏联近半个世纪的冷战结束后，世界秩序从两极格局走向单极格局。1990年11月，美国总统布什正式提出"世界新秩序"的美国全球战略新构想，强调美国不可替代的领导地位。归纳起来，这个世界包括三个支柱：一是作为道义制高点的西方价值观；二是作为安全基石的美国军事同盟体系；三是以美国制定的国际经济金融规

---

① 参见罗伯特·盖茨：《亲历者：五任美国总统赢得冷战的内幕》，刘海青、吴春玲译，江苏凤凰文艺出版社2014年版，第300页。
② 罗伯特·盖茨：《亲历者：五任美国总统赢得冷战的内幕》，刘海青、吴春玲译，江苏凤凰文艺出版社2014年版，第300—301页。

则和制度安排为基础的全球经济。然而，目前这个体系的三大支柱都面临挑战。正如美国前国务卿基辛格所言，美国还有多少时间和空间来维持现存秩序，并构思未来的新秩序。这是美国的国际战略忧虑和领导力焦虑。

这种忧虑和焦虑使一些美国政治人物将中国列为首要战略竞争对手。其中的原因有两个方面：一是中国的国家实力在增强，并日益走向世界舞台的中央，这引发传统大国担心自己的世界地位和权力受到挑战甚至取代；二是西方舆论场根深蒂固的地缘政治观念、冷战思维和意识形态偏见，认为"中国是非民主国家，中国的政治制度是错误的"[①]，中国的崛起将对西方价值观构成挑战和威胁。现实的例证，如前文已述，2017年12月，特朗普政府发布《美国国家安全战略》报告，该报告明确提出，中国和俄罗斯挑战了美国的权力（power）、影响力（influence）和利益（interests），试图侵蚀美国的安全与繁荣，在本质上是对"人的尊严与自由"的威胁。同时，也指出："提高美国影响力是保障国家安全的重要内容，一个支持美国利益、反映美国价值观的世界将使美国更为安全和繁荣"。

这些表明，在一定的历史时期，中美之间必然存在制度与观念的较量，其实质是国家利益的博弈。反过来，国与国之间的利益博弈，必然会表现在制度和观念的竞争上。

传统现实主义大师爱德华·卡尔在《20年危机（1919—1939）》中提出，国家力量是由军事实力、经济实力以及影响舆论的实力三者构成的复合体。约瑟夫·奈在《软实力》一书中进一步阐述："政治已经成为具有竞争性的可信度比赛。在传统的强权政治中，最典型的问题是：谁在军事实力、经济实力上占据优势？然而到了信息时代，政治竞争'可能成了谁的故事最终能打动人'，两名兰德公司的政治和信息专家如

---

① 傅莹：《我的对面是你：新闻发布会背后的故事》，中信出版社2018年版，第196页。

此阐述。政府之间，政府与各类组织之间相互竞争，其目的是强化自己的信誉度，削弱对手的信誉度。……在2000年10月塞尔维亚发生大规模游行之前，已有43%的塞族成年人收听自由欧洲广播电台和美国之音，只有31%的人收听国家掌控的贝尔格莱德广播电台。"① 政治斗争往往围绕创建名誉和破坏名誉而展开。在国际政治中，声誉向来很重要②，信息即力量，"软推销"可能比"硬销售"有效得多。

而另一方面，传统战争还未远去，新式战争已经开幕。美国西点军校助理教授保罗·沙克瑞恩（Paulo Shakarian）在《网络战：信息空间攻防历史案例与未来》一书中指出，"突尼斯行动"（Operation Tunisia）和"埃及行动"（Operation Egypt），在这场被西方世界称为富有希望的"阿拉伯之春"（Arab Spring）的社会运动中，用DDoS攻击政府的计算机系统，公开大量敏感信息邮件，拦截突尼斯政府对抗议者的社交网络信息或电子邮件账户的搜索，给抗议者发送油猴子脚本（greasemonkey script）以帮助他们掩盖个人身份绕开政府的监测，等等。这些行为加剧了政府与公众之间的紧张局面。

2014年5月，由中国互联网新闻研究中心编著的《美国是如何监视中国的——美国全球监听行动记录》一书出版，该书指出："美国国家安全局拥有一种名为'无边界情报员'系统。这套系统以30天为周期，可以从全球网络系统中接收到970亿条信息，再通过比对信用卡或通讯记录等方式，能几近真实地还原个人的实时状况。"③ 美国的"棱镜"项目表明，美国在互联网时代监听的内容之多、投入之大、范

---

① 约瑟夫·奈：《软实力：权力，从硬实力到软实力》，马娟娟译，中信出版社2013年版，第142—143页。

② 在此，约瑟夫·奈批评了美国滥用软实力的做法。他指出："为了动员民众支持伊拉克战争，美英两国曾经夸大萨达姆·侯赛因拥有大规模伤性武器，以及他和'基地'组织之间的联系，这一招确实发挥过一定作用。但是当这种夸张后来被揭穿时，英国和美国的信誉度无疑遭到了得不偿失的重创。"

③ 互联网新闻研究中心：《美国是如何监视中国的——美国全球监听行动记录》，人民出版社2014年版，第25—26页。

围之广、时间之长，无不是世界之最。

2017年1月，特朗普宣布将停止向海外"颜色革命"组织进行财政支持，终止民主党在中国收买民间人士的行为。发言人桑利加称："俄罗斯和中国在民主党这种美元收买民间人士的政治谎言下，愈发有更多人拥护执政党，这种做法只会损害合众国的形象。"① 这些话并不像听起来那样冠冕堂皇，其深层含义是——美国长期以来希望通过鼓励中国融入世界秩序而促使中国发生政治变革的企图落空，特朗普认为民主党的方式方法失灵，需要采取新的战略战术来围堵中国。事实上，中国越发展，美国在价值观和意识形态上对中国的焦虑感越强。

2016年10月，俄罗斯总统普京在瓦代尔论坛上曾就俄欧关系的教训指出："25年前，苏联和俄罗斯认为自己只要采取更开放的意识形态和政策，便可以弥合与西方的分歧，但事实上国家利益和地缘政治方面的分歧远比意识形态复杂，这也导致今日俄欧关系的曲折。"② 显然，这已成为俄罗斯最深刻的历史教训。

同样，日本庆应大学教授渡边靖在美日问题上也曾指出，日本过于急切地追求价值观和普适性很可能会导致最终结果的南辕北辙。日本要谨防共同价值观这个远大而崇高的目标在两国频繁而紧迫的战略讨论中变成美国扩张的工具和手段。③

与此同时，在战术上，我们也必须认识到，美国在冷战期间积累下来的"舆论战经验"、以英语为国际交流语言的"语言优势"、拥有共同价值观的美西方媒体的"传播资源优势"、据于世界主导地位的"话语优势"，以及当前在网络技术上的"网络攻击优势"、数据上的"算法优势"，这六个方面将给我们带来更严峻的价值观和意识形态的挑战。

---

① 李艳艳：《美国互联网政治意识形态输出战略与应对》，社会科学文献出版社2018年版，第60页。
② 傅莹：《我的对面是你：新闻发布会背后的故事》，中信出版社2018年版，第217页。
③ 参见渡边靖：《美国文化中心：美国的国际文化战略》，商务印书馆2013年版。

第四章 受众分析：技术与社会双重逻辑变迁的影响

防范化解意识形态领域风险，确保意识形态安全，一方面要主动识别和应对外来的风险挑战；另一方面要加强理论引导和舆论引导，凝聚社会共识、强化政治认同、激发全民族团结奋进的精神力量。从政治传播学的视角看，前者要求对"危害信息的传播"进行管理，后者要求对"自身内容的生产与传播"进行管理。两者有共同的目标指向，都是受众（audience），或者称为接受者（receiver）。

受众，在被动意义上，既是社会环境的产物，也是传播劝服的对象；在主动意义上，是具有信息偏好、处于主控状态、能自主选择卷入或抵制外部信息影响的主体。意识形态工作是在人的头脑里搞建设，本质上必须以"人"为中心，围绕"人"这一主体开展传播活动。正如习近平总书记所强调的，要树立以人民为中心的工作导向，把服务群众同教育引导群众结合起来，把满足需求同提高素养结合起来。这既指出了意识形态工作的政治要求，也指明了意识形态工作的方法要领，更重要的是强化了"人民群众"这一主体，反映在"传播平衡木"的两端，就是要求从过去工作惯性上的"传者本位"向"受者本位"倾斜，以提升传播效果，化解意识形态风险。如果切换到学术视角分析，则是首先要研究受众。

欧洲著名传播学者丹尼斯·麦奎尔（Denis Mcquail）在《受众分

析》一书中指出，受众研究主要有三大传统：一是"结构性受众"研究，源于媒体产业的发展，目的是获得受众规模、媒介接触、到达率、流动情况等方面的量化信息，这对于广告经营必不可少；二是"行为性受众"研究，重在改进媒体传播效果，通过考察受众的媒介选择、使用、意见、态度等，研究媒介影响，为传播决策提供参考；三是"社会文化性受众"研究，主要包括批判研究、文学批评、文化研究和接受分析，其特点是摒弃传播效果的刺激—反应模式，扬弃"受众臣服传媒"的观点，认为受众具有主动性和选择性，尤其是受众对于媒体文本的"解码"，体现了受众的抵抗和颠覆力量。①

当今中国，技术创新与社会变革正以一种"双螺旋交互演进"的方式作用于大众。一方面，5G 的来临、区块链技术的发展、人工智能的应用，使人类社会正进入人与人、人与物、物与物广泛联接的万物互联时代，信息生产者、传播者、消费者之间的隔阂被消融。另一方面，2019 年我国国内生产总值（GDP）接近 100 万亿元大关，按年平均汇率折算，人均 GDP 达 10276 美元，跨上 1 万美元台阶。② 这个数据在经济学意义上表达的是收入水平、消费结构、市场规模，在社会学意义上表达的却是阶层变化、社会心理、社会预期。

这个由技术—经济—社会发展共同构建的场域，作为公众置身其中的背景，投射进公众的头脑，与公众的主观认知相叠加，重构着公众的身份认同与意义世界。公众，融入历史的演进和时代的发展之中，不断变化，"苟日新、日日新、又日新"。然而，必须承认的是，我们

---

① 参见丹尼斯·麦奎尔：《受众分析》，刘燕南、李颖、杨振荣译，中国人民大学出版社 2006 年版，第 23—30 页。
② 人均 GDP 是比较各国经济发展水平的主要指标。按照国际标准，高收入国家人均国民总收入为 1.2 万美元以上。从 2001 年我国人均 GDP 突破 1000 美元到 2019 年跃上 1 万美元，用了不到 20 年时间。1986 年，我国经济总量突破 1 万亿元，2000 年迈过 10 万亿元关口。2010 年，我国成为世界第二大经济体。近年我国经济接连迈上 10 万亿元级台阶，2016 年超过 70 万亿元，2017 年超 80 万亿元，2018 年超 90 万亿元。参见《中国经济规模迈向 100 万亿，人均 GDP 突破 1 万美元》，《新华每日电讯》2020 年 1 月 18 日，第 415 页。

对于公众的系统分析和认知程度,还远远跟不上其变化。

一、普通公众:主客体身份在网络时代的变迁

公众主客体身份的变化,首先在"传播学研究史"上,经过了一个认知变迁的过程;其次在网络技术发展的推动下,经过了一个现实的角色变迁过程。

(一)发现公众:传播效果的研究历程

从传播学的角度看,20世纪20年代前后,大众报刊、广播、电影、唱片等媒体迅猛发展,对传统社会"田园牧歌"式的平静生活产生了强烈冲击。当时的人们普遍认为,大众传媒可以毫无阻挡地传递观念、情感、知识和欲望,传播似乎可以把某些东西"注入人的头脑",就像"电流使电灯发出光亮"一样直截了当。这一时期的核心观点被称为"媒介枪"①"子弹论""魔弹论""皮下注射论",意指传播媒介拥有不可抵抗的强大力量,它们传递的信息在受传者身上就像子弹击中躯体、药剂注入皮肤一样,能够引起直接的速效反应,从而左右人们的态度和意见,乃至直接支配人们的行动。②

显然,在这一时期,公众是传播的客体,其作为人的"自主性"被遗忘,仅仅是一个被动的"反应者"。外界给予"刺激",公众做出"预期反应"。与这一时期整个社会的变迁相关,作为公众的个体刚刚进入城市,走入现代生活。传统的等级秩序被打破,熟人社会之间的密切联系被割裂,社会被看成由相互隔绝、相互孤立的"原子"组成。这些"原子"在任何有组织的媒体传播和说服面前都是脆弱的,不堪

---

① 韦尔伯·施拉姆:《美国传播研究的开端》,王金礼译,中国传媒大学出版社2016年版,第129页。

② 参见郭庆光:《传播学教程》,中国人民大学出版社2011年版,第176—177页。

一击。而"公众"压根就没有成长起来,其结果必然是被政府或媒体所"左右"。

20世纪40年代,"子弹论"遭到否定,这源于一项实证研究。拉扎斯菲尔德等人对600名研究对象进行了历时半年、历经7次的追踪调查。结果显示——在整个竞选宣传期间,只有8%的人受政党及媒体传播的影响改变了投票意向,其余的绝大多数人没有改变投票意向。这一调查结果与当时流行的"子弹论"大相径庭,超出了人们的普遍直观经验。为了弄清原因,拉扎斯菲尔德团队对调查数据进行了深入细致地分析,提出了一系列假说:一是"既有政治倾向论",指人们在接触政党或媒体宣传之前已有稳定的政治态度;二是"选择性接触论",即人们既有的政治倾向在很大程度上影响着他们的媒介接触行为,通常情况下,人们更倾向于选择那些与自己的立场一致或接近的媒体;三是"人际影响论"和"意见领袖论",即在说服人们改变态度方面,媒介传播不如家人、朋友、同事等人际传播更有效。

在这一时期,媒介褪去了"子弹论"的威力,其传播效果不再具有"魔法性"特征。人们认识到,传播对于受众产生的影响非常有限,既可能是"结晶"和"改变",也可能是"强化"和"小变化",甚至"毫无变化"。受众自带的既有立场、选择性接触和回避及社会关系三类因素,对于传播效果产生着重要的制约作用。这种作用被称为"有限效果论"。

从"子弹论"到"有限效果论",研究者逐步发现了受众的主体地位。换句话说,受众不是被动的、毫无自主性、没有选择能力的"靶子",而是有一定主动性和能动性的媒体使用者和信息解码者(decoded),他们能掌控(in charge)自己的媒介行为,并不是消极的"受害者"(victims)。受众主体地位的发现,使研究者对于传播效果的研究,从关注传播主体、传播内容、传播渠道、传播方法逐步转向关注"受众属性"与"受众行为"。

20世纪70年代,"有限效果论"开始受到批评。理由来自两方面:一是它只考察了具体传播活动的微观、短期效果,而忽略了日常的、综合的信息传播活动对社会产生的宏观的、长期的、潜移默化的影响;二是过分强调"有限效果论"会给传播实践带来某些消极影响,如降低传播者的社会责任感,为低俗有害内容的泛滥提供"口实"等。

之后,一批理论渐次兴起,如"议程设置理论""沉默的螺旋理论""知识鸿沟理论""培养分析理论"等。尽管这些理论研究的主题和内容各不相同,但有两个共同的特点:一是它们的研究焦点集中于探索宏观的、长期的社会效果;二是它们不同程度地强调传播具有影响力。这被称为"适度效果论"或"强力效果论"。尤其是20世纪60年代以后,电视成了占主导地位的大众传媒。人们每天接触电视的时间从几十分钟到几个小时,看电视成了人们业余生活的主要内容。由于电视对于人们认知和观念的影响在"有限效果论"的框架下很难得到解释,因此,需要对大众传播的影响和效果作出重新评估,这就是这一阶段"适度效果论"发展的原因。

从"有限效果论"到"适度效果论"的发展表明,政府或媒介仍然可以通过内容、技术、策略的选择来影响公众,但"此时的公众"已非"彼时的公众"。公众的主体性已经借由"有限效果论"凸显出来,人们在考虑传播效果时,不得不分析受众的属性和特点。正如"沉默的螺旋理论"所指出:一方认为自己的观点合理,自信且大声地说出;另一方感到自己被孤立,因此会退缩,"吞"下自己的观点,陷入沉默,从而进入螺旋循环——优势意见占明显的主导地位,其他的意见从公共图景中完全消失,并且"缄口不言",这就是"沉默的螺旋"过程。

(二)认识公众:多概念比较分析

20世纪80年代以来,随着网络技术的发展及网络基础设施的建设与完善，新媒体、全媒体、融媒体的概念开始兴起。"所有人对所有人的传播"，很好地概括了这种媒体技术引发的传播革命。其突出的特点是"互动性、即时性、共享性、海量性"，人人都是信息的生产者、传播者、消费者，人人都是记者、主播、编辑、导演、评论员，甚至发展出公共新闻或公民新闻（public or civil journalism）。

这些概念的出现，表明了一种趋势：政府或媒体努力影响或"控制的受众"（audience control）正沿着"受众自治"（audience autonomy）的方向演进。受众的角色正在终结（end of the audience）。换句话说，那些原来被称为听众、读者、观众的受众将被如下角色所取代：搜寻者（seeker）、咨询者（consultant）、浏览者（browser）、反馈者（responder）、对话者（interlocutor）、交谈者（conversationalist）。这些概念的呈现并不是为了词语堆积或话语创新，而是表达了一种思维认知，即技术作为变化之源，正在改变受众的特征，受众的"主体性"在网络时代充分凸显。

为了更好地理解公众（public），有必要将其与大众（mass）、群体（group）、群众（crowd）、受众（audience）等概念进行区分。在这方面，麦奎尔的研究具有很大的启发性。他指出："大众（mass）被视为现代工业化、城市化社会的产物，从其规模化、匿名化、无根性等特点而言，更是如此。大众人数众多、分布广泛；成员彼此陌生，互不知晓也无法知晓；具有分散性和异质性；对那些超出其直接经验范围或直接控制之外的事物感兴趣，并对之加以关注。与群众一样，大众没有任何组织性，也没有稳定的结构、规则和领导者。但与群众不同的是，大众缺乏实现自身目的的意愿和手段，也没有固定场所。"[①]

群体（group）的特点是，成员生活在一定的社会和地理边界内，

[①] 丹尼斯·麦奎尔：《受众分析》，刘燕南、李颖、杨振荣译，中国人民大学出版社 2006 年版，第 8—9 页。

相互知晓、彼此互动，他们对彼此的群体成员身份相互认同，拥有相似的价值观，群体关系的构成清晰明了，并随着时间的延伸而持续。

群众（crowd）是一个相对较大的群类。其成员可能拥有一致的身份认同和心态，但是在本质上，群众是不稳定的、缺乏理性的、容易冲动的。群众是一个与文化无关、与道德也无关的群体。

受众（audience）指的是一对多的传播活动的对象或受传者。从古罗马的竞技场、古希腊的剧院到印刷品的出现、电影的发明、无线广播的普及、电视的出现，再到互联网技术的发展，所有接收到信息的观众、读者、听众、用户，都属于受众的范畴。按照SMCR（传者—信息—渠道—受众）的线性传播模式，受众与传者构成了社会传播过程的两极，这两者之间既相互依存，又相互冲突。

公众（public）则是现代社会的产物，被视为民主制度的一个元素。公众由这样一群人组成——自由参与公共议题的讨论，提出一些观点、意见、原则和建议，希望为改变现状而努力。与此同时，他们有意识地关注那些具有广泛社会影响的事件，比如选举结果、重大灾难、生态危机等。公众被看作社会公共利益的维护者，是一个与政府相对应的概念，具有政治属性和法律属性。

总的来看，人们倾向于认为：其一，大众，遍布于社会各个角落，数量众多、一盘散沙、孤立平庸，需要精英（elite）的启蒙和引领，被动接受传播信息；其二，群体，因其成员间身份、动机或利益的一致性，常常组成较为密切的网络关系或利益团体，他们能主动地、有组织地展开集体行动，对于传播信息有较强的选择性，对于劝服影响和操纵行为更具弹性和抵抗力；其三，公众，则是关心公共价值和公共利益的理性个体或群体，他们的数量广泛、构成多样，不仅对传播信息有较强的选择性，而且与传播者之间有更频繁的互动，并就公共问题发表看法，表现出从"受者角色"向"传者角色"的转变。详见表4-1。

表4-1 受众相关概念比较分析

相关概念	特征
大众（mass）	人数众多、分布广泛；成员彼此陌生，互不知晓也无法知晓；具有分散性和异质性；对那些超出其直接经验范围或直接控制之外的事物感兴趣，并对之关注有加
群体（group）	成员生活在一定的社会和地理边界内；相互知晓，彼此互动，对群内成员的身份相互认同；拥有相似的价值观；群体内部关系清晰，行事规则明确，有一定的内聚力和稳定性
群众（crowd）	与大众类似，没有任何组织性，是一个松散集合，往往是一盘散沙、孤立平庸，需要精英的启蒙和引领；成员可能拥有一致的身份认同和心态；在危机状态下，常常容易冲动、缺乏理性
受众（audience）	传播活动的对象或受传者，被称为观众、读者、听众或用户等
公众（public）	具有政治和法律属性，被视为民主政治制度的一个元素；往往偏好参与公共议题的讨论，提出一些观点、意见、原则和建议，希望为改变现状而努力；有意识地关注那些具有广泛社会影响的事件，比如选举结果、重大灾难、生态危机等；在理论上，被视为社会公共利益的维护者

公众的"传者角色"表现为"公共舆论"（public opinion）的形成。公共舆论是公众对国家管理者持有的社会政治态度[①]，对于政治家和政府维持自身权力的合法性和权威性具有至关重要的作用。它既可以是民意调查的结果，也可以是群众反映的意见；既可能在一个开放的系统中自动生成，也可能在封闭的环境中被制造（creation of public opinion）；既带有强烈的情绪，也表达一定的信念；既包含着正确的看法与意见，也包含着愚蠢、偏见、错误观点或者门户之见；既有理智的成分，也有非理智的成分。从政治传播的角度来看，当我们关注公众时，实际关注的是"公众舆论"、公众的社会政治态度。进一

---

① 王来华主编：《舆情研究概论——理论、方法与现实热点》，天津社会科学出版社2003年版，第5页。

步说,是在关注民意和民心。

二、青年分析:公共讨论与情感表达

人类的每一代都会比上一代更加数字化。青年人被称为"数字原住民"或者"数字一代",他们与网络相伴成长。他们在网络上学习、购物、社交、表达、曝光、维权等,形成了一种自然而然的行为。

根据中国互联网信息中心发布的第43次《中国互联网络发展状况统计报告》,截至2020年3月,中国网民规模达9.04亿,以"中青年"群体为主。从年龄结构来看,10—49岁群体占网民总数的79.2%。其中,20—29岁的网民占比最高,达21.5%;其次是30—39岁的网民,占比20.8%;再次是10—19岁的网民,占比19.3%;最后是40—49岁网民,占比17.6%。其余为50岁以上网民,占比16.9%;10岁以下网民,占3.9%。从职业结构来看,在网民群体中,学生最多,占比26.9%;其次是个体户/自由职业者,占比22.4%;企业/公司管理人员和一般人员占比共计10.9%。

青年线上政治参与行为比线下政治参与行为更活跃。以22岁大学毕业这个年龄节点看,占比21.5%的20—29岁的网民大约有1.94亿人以上,主要是"90后""00后",他们正处于大学在读或刚进入社会开始工作的阶段。如果按照中共中央、国务院印发的《中长期青年发展规划(2016—2025年)》,将青年的年龄划定在14—35岁。那么,青年网民比例更高。这个阶段的青年正处于学习、创业、奋斗的人生黄金发展期,尚未充分掌握社会资源和话语权,也少有进入各级人大、政协等现实的政治参与渠道进行政治表达的机会。换句话说,他们不是现实政治参与和政治表达的正式渠道中的主要群体。但是,网络作为一个公共表达空间,为广大青年,特别是为那些离现实政治渠道较远、影响又较弱的人群,提供了进行政策表达、讨论、倡议和动员的平台。青年由此得以摆脱现实束缚，匿名、自主、充分地表达自己的见解、看法、情感，或寻求参与，或引发关注，或从众表达。

网络时代的政治参与，分为虚拟的线上政治参与和真实的线下政治参与两类。线上政治参与主要表现为访问政府网站、浏览时政信息、发布或转发时事信息、批评与抗议政府决策、在线投诉或抗议等，线下政治参与则包括制度化参政与非制度化游行集会、罢工等形式。社交媒体不仅改变了政治信息的传播模式，而且使青年的政治参与方式从传统的社会动员转变为个体自发参与。其中，"关注""粉丝""好友""转发""群组"等，是基于共同的兴趣、利益、价值观等形成的新型参与结构。这种结构与青少年的社会交往和同辈群体的日常交流紧密地结合在一起，使其利益表达和聚合更加自由。[①]

一些研究指出，青年群体有崇高的理想和社会情怀，希望通过自身的参与，促进国家和社会进步。一方面，他们对未知的世界和事物充满了好奇心和探求欲，尤其是在校大学生群体，对于公共事件有高度敏感性，他们思想活跃、有正义感、善于接受新事务，对贫富分化、权钱交易、特权腐败、劳资纠纷、弱势群体权益维护等社会热点问题具有强烈的批判意识，通过发帖、评论、转发、点赞、打赏、表情包、漫画、视频、弹幕等话语形态表达自身的诉求和政治观点。另一方面，青年有着极强的家国意识，对于民族复兴、国家发展有着自我期待和自我作为。然而，理想与现实的差距、谣言与真相的模糊、网络推手"制造舆论"与大众表达"真实意见"之间的混乱、"后真相时代"的情感超越事实、观点遮蔽真相等，都易于激发青年对周遭环境的失望、抱怨、不满、愤懑、戏谑、讽刺等情绪。因此，在网上也常常出现一些反正统、反权威、极端、偏执、狂热、虚幻、否定一切的负面表达。

---

① 参见卢家银：《社交媒体对青年政治参与的影响及网络规制的调节作用——基于大陆九所高校大学生的调查研究》，《国际新闻界》2018年第8期。

与此同时，网络是大众文化的场域，精英文化不占主导地位。宏大严肃不如嬉笑怒骂更受人追捧，批评教训不如嘲讽幽默更能吸粉。琼斯（Jeffrey P. Jones）的研究指出："喜剧和幽默是讨论政治的有效方式，不仅是因为你能触及那些可能会对此感到厌烦的人，而且因为这是一个非常有效的工具，有时甚至是人们可以利用的武器，尤其是你在没有财力与政客后台的权势者进行对抗的时候。"①

在社会压力、资本作用、情绪释放、权威消解等各种逻辑的作用下，网络文化表现出多面性，青年的心态和表达，也从"娱乐至死"到"吐槽"，从"屌丝"到"小确幸"，再到"丧"，负面情绪步步升级。世界真正被祛魅了，那些最高贵的终极价值观，已从公共生活中销声匿迹，它们或者遁入神秘生活的超验领域，或者进入了个人之间直接的私人交往的友爱之中，要么成为一个"娱乐至死的物种"，要么全心向往"高富帅"，要么"全线颓缩"。②

情感作为个体生活的中心，深受社会的影响，故而具有莫大的政治意义。有研究指出，这些情绪如果是个体偶尔的生活状态，并无大碍，但如果扩散为"青年集体的时尚生活理念"，则可能会导致对主流价值观的"集体逆行"。这种情感的持续集聚将是某一个时点上青年参与公共行动的最强动力。这进一步凸显了主流价值观引导的重要作用。

三、社会心态：对主流意识形态的感知、接受与认同

社会心态是社会中多数成员对于外部世界在心理、情感、态度、意识等方面表现出的普遍特点和态势。多数情况下，研究者是在笼统和抽象的意义上使用这一概念的。因此，有时也称为大众意识或群众

---

① 杰弗里·p. 琼斯：《娱乐政治——讽刺电视与政治参与》，林莺译，华中科技大学出版社2019年版，第146页。
② 黄勤锦：《网络空间青年人"表"的呈现机制与社会解码》，《青年研究》2018年第5期。

心理。从物质和精神两分法来看，它是社会精神系统的一部分，属于基础的、无形的、隐性的社会意识，是社情民意和社会情绪的重要变量。

社会心态与外在社会环境之间具有持续的互动性。社会环境对于社会心态的影响，称为社会心态的"内在化过程"；反过来，社会心态对于社会环境的影响，称为社会心态的"外向影响"。社会心态按照稳定性，可以分成三个层次：一是处于里层的"稳定的社会心态"，属于历史沉淀下来的文化、国民性、礼俗良知、潜意识的部分；二是处于中间层的"次稳定的阶段性社会心态"，属于社会信任、社会价值观念的部分；三是处于最外层的"变动的社会心态"，属于社会感受、社会情绪、社会认知的部分。

主流意识形态作为外部施加于社会的思想观念系统，对于社会大众的影响程度依赖社会心态的"中介作用"：社会心态健康积极、对国家经济社会预期稳定、对政权系统认同度高、自觉遵从法律规则意识强，主流意识形态的影响就大；反之，则影响小。这可从传播过程中受众解码角度来看，不同结构的社会和不同的文化群体具有不同的社会心态，他们对信息的解读是多种多样、彼此互异的，甚至与信息发送者的本意相去甚远。批判性研究进一步指出，作为原子的、孤立的受众是被动的，因为他们无法展开集体性活动。然而，真正融入某一社会群体的受众更倾向于主动地、有意识地做出反应，他们对于媒介提供的主导性和支配性意义的信息，可能具有抵抗性和颠覆性的反馈力量。

中国社科院社会学所近年来对中国社会心态的调查结论指出，阶层身份自我认同表现出"下移现象"。换句话说，人们普遍自我选择了低于统计意义上的阶层位置，即一些按客观经济社会指标来衡量，原本该归为上层或中上层的人认为自己属于中层甚至中下层，原本该归为中层的人认为自己是中下层或下层。概言之，大量的人有"底层认同倾向"。这种底层认同无形中成了社会两极化的重要原因。还有一些研究显示,主观社会阶层认同越高,安全感越高,社会信任水平越高,社会公平感受越高,社会支持得分也越高。通过对超大城市市民认同的调查发现,被调查者的家庭社会地位越高,越倾向于认同自己所在的城市。从这些调查可以看出,阶层认同下移,是个体对自身社会位置的主观定位,反映了其在社会网络空间中,对自我占有或获得资源、机会、权力的外在支持的强弱的感受。这对个人的社会态度、社会价值判断和社会情绪表达具有决定作用,它与收入和实际社会地位的不匹配性或不平衡性,将是未来较长时期内国家面对的风险和不确定性。

在一定程度上,社会心态构成了社会群体接受主流意识形态的"场域",也构成了个体接受主流意识形态的"底色"。总体来看,当前中国发展中的不平衡、不协调、不可持续问题依然突出,城乡区域发展差距和居民收入分配差距依然较大,社会矛盾明显增多,教育、就业、社会保障、医疗、住房、生态环境、食品药品安全、安全生产、社会治安、执法司法等关系群众切身利益的问题较多,部分群众生活困难,一些领域的腐败现象易发多发。这些现象使得社会结构间的摩擦、冲突相应增加,负面情绪引爆点低、耐受性弱。当人们感受到现实中的政策运行扭曲、与主流意识形态的理论宣传之间存在脱节,而主流意识形态又不能及时对社会成员遇到的现实问题和困难进行充分解释说明时,自然产生对主流意识形态的怀疑,甚至是否定性的看法。这种怀疑、否定的负面看法和情绪,如果长期得不到缓释,就会不断汇集、强化、放大、传染,从而使人们不假思索地拒绝、排斥,把主流意识形态一概视为"空话""假话",产生彻底疏离,甚至反叛。

社会心态在常规状态下向积极方向演进还是向消极方向演进,并不特别引人关注。这是因为,其演进不仅缓慢,而且效应也不易觉察。但是,环境的突变会充分展现其威力。通常,在某种重大事件的影响下,社会心理能量会迅速升高,一旦某种观点或情感形成共识,占据上风,"成千上万孤立的个人就会获得一个心理群体的特征",产生破坏性影响,"当文明的结构摇摇欲坠时,使它倾覆的总是群众"。①

与此同时,近年来,社会思潮谱系中的各种理念在网上甚嚣尘上,民粹主义、自由主义、消费主义、历史虚无主义、反马克思主义等思潮或主张高调出现,围绕公共事件展开激烈争论,在某种程度上造成了一定范围内的社会撕裂,影响了正常的社会心态。有研究指出,要准确把握舆论逻辑,仅仅在社会舆论的小逻辑中寻找答案,局限性是毋庸置疑的,必须超越表层的舆论小逻辑,从社会舆论、社会心态和社会结构的整体关联框架中寻找系统性的大逻辑②。

社会舆论是裸露在外的水流,是可以看到的波浪,决定水流流向和流速的关键是下面的河床,它是河水深处的力量,而社会心态和社会结构恰恰构成了社会舆论的河床。③ 由此,防范和化解意识形态风险,不仅要从强化党的意识形态工作这一"主体端"入手,还要从社会公众这一"客体端"入手,要研究其接受性、认同性及深层的社会心理作用。

---

① 古斯塔夫·勒庞:《乌合之众:大众心理研究》,中央编译出版社 2000 年版,第 16、9 页。
② 参见张涛甫、王智丽:《中国舆论治理的三维框架》,《新闻学与传播学》2016 年第 9 期。
③ 参见张涛甫、王智丽:《中国舆论治理的三维框架》,《新闻学与传播学》2016 年第 9 期。

第五章 意识形态领域：法规制度建设

意识形态工作是党的一项极端重要的工作，是为国家立心、为民族立魂的工作，关乎旗帜，关乎道路，关乎国家政治安全。历史和现实反复证明，巩固党的群众基础和执政基础，只集中精力搞经济建设是不够的。党的群众基础和执政基础包括物质和精神两方面，精神上丧失群众，最后也要出问题。

党的十八大以来，中央高度重视意识形态工作，习近平总书记以宣传思想、新闻舆论、文艺工作、网络安全与信息化、哲学社会科学、党校工作等不同内容为题先后召开多次会议，就意识形态领域的许多方向性、战略性问题作出部署，从根本上扭转了意识形态领域一度出现的被动局面，推动意识形态领域形势发生了全局性、根本性的转变。与此同时，中央以制度建设为根本，出台了一系列具有四梁八柱性质的法规文件和改革举措，使意识形态工作的基础更为扎实，为巩固和发展主流意识形态，增强应对意识形态领域风险挑战的能力提供了有力保障。

一、意识形态责任制建设：坚持和巩固党的领导

意识形态工作是思想建设工作，是理想信念工作，涉及一个国家、一个民族的精神支柱和政治方向。因此，是执政党建设"第一位"的问题。

第五章　意识形态领域：法规制度建设

《中国共产党党章》规定，党的领导主要是政治、思想和组织领导。党的政治领导是统领，理想信念宗旨是根基。习近平总书记指出，共产党人如果没有信仰、没有理想，或信仰、理想不坚定，精神上就会"缺钙"，就会得"软骨病"，就必然导致政治上变质、经济上贪婪、道德上堕落、生活上腐化。理想信念动摇是最危险的动摇，理想信念滑坡是最危险的滑坡。

理念信念不可能凭空产生，也不可能轻而易举坚守。对于广大领导干部来说，要练就金刚不坏之身，首先要用科学理论武装头脑。中国共产党之所以能够在苦难中锻造品格、创造辉煌，很重要的一个原因就是始终重视思想建党、理论强党，使全党始终保持统一的思想、坚定的意志、协调的行动、强大的战斗力。要学会运用辩证唯物主义和历史唯物主义的世界观、方法论，分析问题、改造世界、把握未来，不断提高运用科学理论指导我们应对重大挑战、抵御重大风险、克服重大阻力、解决重大矛盾的能力；要加强深入认识共产党执政规律、社会主义建设规律、人类社会发展规律，为人的解放和自由全面发展创造条件，真正把马克思主义这个看家本领学精悟透用好。正如毛泽东同志所指出："如果我们党有一百个至二百个系统地而不是零碎地、实际地而不是空洞地学会了马克思列宁主义的同志，就会大大地提高我们党的战斗力量。"①

2015年10月3日，中共中央办公厅印发了《党委（党组）意识形态工作责任制实施办法》，第一次以党内法规形式对党委（党组）意识形态工作责任制作出制度规定，强调要强化党管宣传、党管意识形态，牢牢掌握意识形态工作的领导权主动权；要进一步明确各级领导干部的意识形态工作责任，坚决守好"责任田"；要不断改进和加强宣传思想工作，着力加强宣传思想阵地建设与管理，进一步加强思想政

---

① 《毛泽东选集》第2卷，人民出版社1991年版，第533页。

治教育队伍建设；要高度重视网络安全，进一步提升网络舆论引导水平，严密防范网上意识形态渗透，牢牢把握网络意识形态主导权。随后，各省、自治区、直辖市，也先后制定了《党委（党组）意识形态工作责任制实施细则》。与此同时，从工作"一盘棋"的角度出发，《中国共产党巡视工作条例》和《中央巡视工作规划（2018—2022年）》都强调深化政治巡视，将意识形态工作责任作为重要内容进行监督检查，有力推动了意识形态工作责任制的贯彻落实。

贯彻落实意识形态工作主体责任，中央和各地明确要求，按照属地管理、分级负责和谁主管谁负责的原则，各级党委（党组）领导班子对本地区本部门本单位意识形态工作负"主体责任"，党委（党组）书记是"第一责任人"，党委（党组）分管领导是"直接责任人"，党委（党组）其他成员根据工作分工，按照"一岗双责"要求，抓好分管部门、单位的意识形态工作，对职责范围内的意识形态工作负领导责任。

在实践中，为了抓实抓细这项工作，各地产生了不少创新做法，典型的有：

目标管理。有些地方把意识形态工作纳入领导班子和领导干部目标管理系统，与经济建设、政治建设、文化建设、社会建设、生态文明建设和党的建设紧密结合，一同部署、一同落实、一同检查、一同考核。

过程管理。有些地方成立意识形态工作联席会议，加强组织领导和统筹指导，像分析经济形势一样定期分析研判意识形态领域形势，定期听取意识形态工作汇报，定期在党内通报意识形态领域情况。

责任管理。有些地方在实践中坚持上下联动，抓牢"责任链"。在抓好本级本部门主体责任落实的同时，把责任压力传导下去，形成一级抓一级层层抓落实的工作格局，防止出现"沙滩流水不到头"等现象。

考核管理。有些地方高举督促考核的"指挥棒"，结合本地区本单位实际，建立意识形态工作责任制的检查考核制度，明确检查考核的内容、方法、程序，推动考核工作规范化、常态化。

履职评价。有些地方把意识形态工作作为党委常委会向全委会报告工作的重要内容，作为党委班子成员民主生活会、述职报告、履行党建责任制的重要内容，纳入干部考察考核、执行党的纪律监督检查范围，强化结果运用。

责任追究。有些地方注重运用责任追究的"撒手锏"，对导致意识形态工作出现不良后果的，严肃追究相关责任人责任。像抓党风廉政建设责任制落实一样，意识形态工作的责任追究也实行"一案三查"，除了严肃查处当事人，还要对党组织负责人、直接分管的领导班子成员进行责任倒查，真正把意识形态工作的规矩立起来、挺起来。

总的来看，这些举措充分压实了各级党委（党组）的意识形态工作责任，有力推动了各级党委（党组）担负起新时代意识形态工作的任务使命。

意识形态工作涵盖各条战线、方方面面，不仅要求各级党委（党组）担负起应有之责，而且要着眼长远，在基础性、战略性工作上下功夫。党的十八大以来，中央不断深化对意识形态工作的规律性认识，在强化意识形态责任制的基础上，配套出台了一系列纲举目张的法规制度，为中国特色社会主义进入新时代后的意识形态工作起到了谋篇布局的作用。其中，既有党内法规和规范性文件，比如《中国共产党宣传工作条例》《中国共产党党委（党组）理论学习中心组学习规则》《关于加快构建中国特色哲学社会科学的意见》《关于推动传统媒体和新兴媒体融合发展的指导意见》《关于培育和践行社会主义核心价值观的意见》《关于繁荣发展社会主义文艺的意见》《关于进一步加强和改进中华文化走出去工作的指导意见》等，也有国家法规条例，比如《中华人民共和国公共文化服务保障法》《中华人民共和国电影产业促进法》《中华人民共和国网络安全法》《中华人民共和国博物馆条例》

《营业性演出管理条例》《出版管理条例》等。

这些党和国家的法规制度及规范性文件，不仅使意识形态工作的制度保障更为完备，而且从坚持和完善中国特色社会主义制度、推进国家治理体系和治理能力现代化的角度看，扣紧了党全面深化改革的总目标中的阶段性任务要求——在"十三五"时期实现各领域基础性制度体系基本形成。

就其功能使命而言，在积极方向上可以发挥制度的效能，进一步提高对社会思想文化和价值观念的整合能力，巩固全党全国各族人民团结奋斗的共同思想基础、巩固党的执政地位；在反向上可以运用制度的威力，应对意识形态领域内的各类风险挑战冲击。

二、政务公开与信息发布：提高政府公信力

近年来，伴随着各类风险挑战的增加、突发事件及网络热点的频发、公众权利意识的增强，以及法治国家、法治政府、法治社会建设的推进，政务公开与信息发布，成为意识形态工作中"显性"的部分。如何澄清事实、解疑释惑、引导舆论、凝聚共识、降低负面影响、增强政治认同，构成意识形态工作的重要板块。

这项工作做好了，能够为党委政府处置突发事件提供人心支持，"人心齐、泰山移"，不仅有利于党政军群形成最大合力，而且能最大限度地降低生命财产损失、公共秩序冲击和社会心理危害；但是，如果这项工作做不好，就会让党委政府陷入"塔西佗陷阱"（Tacitus Trap），侵蚀党委政府公信力，持续的累积传导，最终会瓦解党的群众基础和政治权威。

在实践中，政务公开与意识形态宣传工作，既有联系也有区别。一是从目的看，政务公开强调保障公众的知情权、参与权、表达权和监督权，目的是让政府工作接受群众监督；宣传的重点是解读评论，

引导群众对党政工作形成统一认识，形成共同预期。二是从主体看，公开的主体是政府及其职能部门；宣传的主体是宣传部门及其指导协调下的新闻媒体。三是从工作导向看，公开的关键是坚持实事求是，全面准确披露信息；宣传的关键是弘扬正能量，批判丑恶现象，引导群众情绪，凝聚社会共识。四是从两者的相互促进作用看，一方面，充分准确的公开可以为宣传提供更多的高质量素材和可信度支撑；另一方面，积极的评论和集中报道可以迅速提高公开信息的覆盖面和抵达率，既能有效提升公开效果，又能反过来督促更好的公开。五是从两者的相互影响看，如果公开缺位，宣传会陷入"巧妇难为无米之炊"和"高音喇叭不如哑巴"的困境；同样，如果宣传不够，公开也会陷入"酒香也怕巷子深"的境地，好的政策知晓度低，难以得到群众的理解。六是从时度效的工作要求看，公开之前需要研判和确定数据的公开属性、核实并确保信息数据的客观准确、找准公众期盼、媒体需求和政府信息发布三者的结合点，要为宣传"显政"打好基础；相应地，宣传要对传播时机、渠道、平台、方式进行选择，对传播效果进行预评估，要打好协同配合战和互补组合拳。

当然，公开和宣传都离不开实际工作的支撑。没有果断有效的举措，没有扎实有效的工作，没有表现力的行动，公开和宣传就会空无一物，引起公众的抵触和反感，甚至造成重大负面舆情不断发生。

中国政务公开的制度溯源，始于 2000 年 12 月中共中央办公厅、国务院办公厅共同发出的《关于在全国乡镇政权机关全面推行政务公开制度的通知》，该文件指出要把人民群众普遍关心、涉及人民群众切身利益的问题作为政务公开的重点内容，完善政府新闻发布制度。2003 年的非典，推动中国加快了政务公开与信息发布制度的建设。2005 年 3 月 24 日，国务院办公厅出台《关于进一步推进政务公开的意见》，并于 6 月 11 日，印发《国家突发公共事件新闻发布应急预案》。2008 年 5 月 1 日，《中华人民共和国政府信息公开条例》正式实施,"公开透明"成为政府信息管理工作的基本原则。

自《中华人民共和国政府信息公开条例》施行以来,政府信息公开迈出重大步伐,取得显著成效。随着互联网技术的迅猛发展和信息传播方式的深刻变革,社会公众对政府工作知情、参与和监督意识不断增强,对各级行政机关依法公开政府信息、及时回应公众关切和正确引导舆情提出了更高要求。与公众期望相比,当前一些地方和部门仍然存在政府信息公开不主动、不及时,面对公众关切不回应、不发声等问题,易使公众产生误解或质疑,给政府形象和公信力造成不良影响。正是基于这一考量,2013年10月1日,国办发布《国务院办公厅关于进一步加强政府信息公开回应社会关切提升政府公信力的意见》,该文件提出"加强平台建设""加强机制建设""完善保障措施"三项内容,涉及十个方面,比如,加强新闻发言人制度建设、政府网站建设和政务微博微信新渠道建设,健全舆情收集和回应机制、主动发布机制、专家解读机制和沟通协调机制,以及加强组织领导、业务培训、督查指导等。可以说,该意见的要求非常具体,有力地指导了各地各部门的政务公开与信息发布工作。

2016年2月17日,中共中央办公厅、国务院办公厅联合印发《关于全面推进政务公开工作的意见》。该文件指出:"公开透明是法治政府的基本特征。全面推进政务公开,让权力在阳光下运行,对于发展社会主义民主政治,提升国家治理能力,增强政府公信力执行力,保障人民群众知情权、参与权、表达权、监督权具有重要意义"。与此同时,该文件也强调,要实行"五公开",即行政决策公开、执行公开、管理公开、服务公开和结果公开。随后,国办又制定了《〈关于全面推进政务公开工作的意见〉实施细则》。从2017年开始,国办连续三年印发《2017年政务公开工作要点》《2018年政务公开工作要点》《2019年政务公开工作要点》,推动公开内容逐步覆盖权力运行全流程、政务服务全过程,推进政务公开的制度化、标准化、信息化。

2019年4月15日，施行11年的《中华人民共和国政府信息公开条例》（以下简称《条例》）首次修订，并于5月15日开始施行。该《条例》明确规定："为了保障公民、法人和其他组织依法获取政府信息，提高政府工作的透明度，建设法治政府，充分发挥政府信息对人民群众生产、生活和经济社会活动的服务作用，制定本条例。"与此同时，该《条例》进一步理顺了公开与保密的关系，扩大了政府信息公开的范围和深度，明确划定了不予公开的界限，为信息保密与信息公开之间的有效衔接和良性互动提供了更加有力的制度保障。

强化显政，满足公众知情权，让公众知道党和政府正在做什么、还要做什么，发挥信息对发展社会经济、推动科研创新和服务人民生活的作用，对于强信心、暖人心、聚民心，维护社会大局稳定，维护意识形态安全具有重大的制度保障作用。

三、网络空间立法：建设良好生态与反映真实民意

中国网络治理的法治化进程始于2014年。2014年2月27日，中共中央网络安全和信息化领导小组正式成立。在中央网信办第一次会议上，习近平总书记提出明确要求："中央网络安全和信息化领导小组要发挥集中统一领导作用，统筹协调各个领域的网络安全和信息化重大问题，制定实施国家网络安全和信息化发展战略、宏观规划和重大政策，不断增强安全保障能力。"[①] 同年10月23日，党的十八届四中全会通过的《中共中央关于全面推进依法治国若干重大问题的决定》明确指出，要加强互联网领域立法，完善网络信息服务、网络安全保护、网络社会管理等方面的法律法规，依法规范网络行为。

截至目前，中央网信办已经制定了30多部政策法规。其中涉及即

---

① 《习近平谈治国理政》第1卷，外文出版社2018年版，第199页。

时通信工作、公众信息服务、互联网用户账号名称管理、新闻信息服务单位约谈、直播服务管理、论坛社区服务管理、跟帖评论服务管理、群组信息管理、新闻信息服务许可管理、新技术新应用安全评估管理、域名管理、从业人员管理、区块链信息服务管理等方方面面,其基本要求是遵守法律法规、社会主义制度、国家利益、公民合法权益、公共秩序、社会道德风尚和信息真实性等"七条底线"。

2015年7月1日,第十二届全国人民代表大会常务委员会第十五次会议通过的新《中华人民共和国国家安全法》规定:"国家建设网络与信息安全保障体系,……加强网络管理,防范、制止和依法惩治网络攻击、网络入侵、网络窃密、散布违法有害信息等网络违法犯罪行为,维护国家网络空间主权、安全和发展利益。"

2016年11月7日,第十二届全国人民代表大会常务委员会第二十四次会议又通过《中华人民共和国网络安全法》,其中第十二条指出:"国家保护公民、法人和其他组织依法使用网络的权利,促进网络接入普及,提升网络服务水平,为社会提供安全、便利的网络服务,保障网络信息依法有序自由流动。"与此同时,"任何个人和组织使用网络应当遵守宪法法律,遵守公共秩序,尊重社会公德,不得危害网络安全,不得利用网络从事危害国家安全、荣誉和利益,煽动颠覆国家政权、推翻社会主义制度,煽动分裂国家、破坏国家统一,宣扬恐怖主义、极端主义,宣扬民族仇恨、民族歧视,传播暴力、淫秽色情信息,编造、传播虚假信息扰乱经济秩序和社会秩序,以及侵害他人名誉、隐私、知识产权和其他合法权益等活动。"

2019年12月15日,中央网信办制定了《网络信息内容生态治理规定》(以下简称《规定》),并于2020年3月1日开始施行。该《规定》着眼于建设良好网络生态,以网络信息内容治理为重点,对网络信息内容生产者、网络信息内容服务平台、网络信息内容服务使用者的网络行为作出规定。其中要求网络信息内容生产者不得制作、复制、发布下列信息：一是反对宪法所确定的基本原则的；二是危害国家安全，泄露国家秘密，颠覆国家政权，破坏国家统一的；三是损害国家荣誉和利益的；四是歪曲、丑化、亵渎、否定英雄烈士事迹和精神，以侮辱、诽谤或者其他方式侵害英雄烈士的姓名、肖像、名誉、荣誉的；五是宣扬恐怖主义、极端主义或者煽动实施恐怖活动、极端主义活动的；六是煽动民族仇恨、民族歧视，破坏民族团结的；七是破坏国家宗教政策，宣扬邪教和封建迷信的；八是散布谣言，扰乱经济秩序和社会秩序的；九是散布淫秽、色情、赌博、暴力、凶杀、恐怖或者教唆犯罪的；十是侮辱或者诽谤他人，侵害他人名誉、隐私和其他合法权益的；十一是法律、行政法规禁止的其他内容。同时，要求网络信息内容服务使用者在以发帖、回复、留言、弹幕等形式参与网络活动时，文明互动，理性表达，不得发布上述信息；网络信息内容服务平台坚持主流价值导向，优化信息推荐机制，加强版面页面生态管理，发现上述信息应依法立即采取处置措施并保存有关记录，向有关主管部门报告。

没有规矩不成方圆。无论什么形式的媒体，无论网上还是网下，无论大屏还是小屏，都没有法外之地、舆论飞地。没有哪个国家能够允许组织或个人利用网络进行危害国家安全的活动，完善网络治理体系，加强网络空间治理，做强网上正面宣传，让网络反映真实的民意，发挥网络舆论监督的作用，形成一个风清气正的网络空间，不仅能够推动互联网产业快速发展，而且有利于党政机关通过网络走群众路线，了解群众所思所愿，收集好想法好建议，凝聚共识，形成网上网下同心圆。

近年来，网上舆论生态有了较大改观，网络舆论的力量对比发生重要变化，正面力量已经初步"夺回麦克风"，有力地扭转了前几年政府工作在网上被"围观"的被动局面；传统恶搞内容减少，主流官微作用增强；网民表达趋于理性；网络情绪开始改变，负面帖文和情感

词烈度下降。①

四、媒体职责与阵地建设

媒体是天然的公共传播媒介,它能够塑造公共舆论、影响政治决策、改变公众的态度。2016年2月19日,习近平总书记在党的新闻舆论工作座谈会上强调:"党的新闻舆论工作是党的一项重要工作,是治国理政、定国安邦的大事"。"在新的时代条件下,党的新闻舆论工作的职责和使命是:高举旗帜、引领导向,围绕中心、服务大局,团结人民、鼓舞士气,成风化人、凝心聚力,澄清谬误、明辨是非,联接中外、沟通世界。"②

近年来,传播技术的飞速发展,给传统媒体带来了巨大挑战。一些主流媒体受众规模缩小、影响力下降、表达方式单一、难以适应受众信息需求等问题进一步凸显出来。尤其是在坚持"团结稳定鼓劲、正面宣传为主"的方针指导下,一些新闻媒体僵化机械地重复喊口号,不懂得深入基层、贴近群众,把鲜活的内容、热腾腾的故事和原汁原味的讲话报道出来,才是正面宣传,而是无意识地习惯于居高临下训导,板着面孔说教,这不仅起不到正面引导的作用,反而降低了主流媒体的公信力、传播力和影响力。

媒体对公众的影响,由知名度、覆盖率、传播手段、内容供给时机与呈现方式、内容类型等多种因素决定。在这些因素中,排在第一位的永远是"内容为王"。内容是片面的,还是全面的,是真实的,还是虚假的,是客观的,还是主观的,是诚挚的,还是矫饰的,决定着公众对于新闻媒体的可接受度。

---

① 张志安、卢家银、曹洵:《网络空间法治化的成效、挑战与应对》,《新疆师范大学学报》2016年第5期。

② 《习近平谈治国理政》第2卷,外文出版社2017年版,第332页。

内容涉及两部分：一个是事实材料，另一个是建构表达。建构表达可以由不同立场、不同文化传统、不同语言风格的主体完成，呈现出多种形式，它是视角、理解和讲述的结合体，用一个流行的学术概念来概括，就是"叙事"。苏联学者普洛普（Vladimir Propp）认为，叙事主要包括两个方面：一是事件、素材，也就是"原生态故事"；二是组织这些素材的方式，也就是"逻辑和情节"。前者由后者决定，而后者一般拥有相对稳定的结构，可以称为"路径"。①

人们通过叙事来理解世界、讲述世界。然而，现实世界是多样的、复杂的，是从微观上把握个别，还是从宏观上反映事物的全貌；是热衷于血腥暴力八卦新闻，还是关心百姓疾苦关切民生；是弘扬正能量、传递健康价值观，还是炒丑造假、获取流量关注；等等，这些都涉及立场、态度和观点，本质上是一种看见、建构和表达，或者说"导向"。"文者，贯道之器也"，新闻报道既要真实、客观、全面、公正地传播信息，也要引导人们分清对错、好坏、善恶、美丑，激发人们向上向善的精神力量。

从现实情况看，新中国成立70多年取得的伟大成就充分表明——中国共产党带领全国各族人民团结奋进、攻坚克难，实现了从站起来、富起来到强起来的历史飞跃。在这个发展奋进的过程中，积极正面的事物是主流，消极负面的东西是支流。看待事物是主观性多一些，还是客观性多一些，在很大程度上取决于是否运用联系的、发展的眼光，以及辩证的、系统的思维。在中国恢宏的历史进程中和复杂的社会现实中，各类各级媒体领导者和工作者，都应不断提高自己的辨识力，分清主流和支流、现象与本质、成绩与问题、全局与局部、当前与长远、愿望与现实、共性与个性、孤立与普遍、偶然与必然等不同面向之间的关系，集中反映社会健康向上的本质，客观展示国家蓬勃向上

---

① 胡百精：《危机传播管理》，中国人民大学出版社2014年版，第173页。

发展进步的全貌，给人以鼓舞和激励，调动全社会的积极性、主动性和创造性。

媒体是社会这艘向前行进的大船上的瞭望员，是社会这棵大树上的啄木鸟，铁肩担道义，为时代发声，为百姓请命，针砭时弊，推动社会进步，这是媒体的职业伦理共识。但是，如果目之所及全是黑暗的、负面的，看不到光明的、正面的，分析问题又往往主观片面，一叶障目，找寻原因只进行现象关联，不深度剖析背后的一果多因、多因多果、互为因果等复杂情况，最后武断下结论，进行舆论审判，就会产生错误引导。与此同时，对不该褒的褒了，对不该贬的贬了，或所褒所贬不合乎事实、不令人信服，则会对党和政府的公信力造成伤害。

新闻舆论工作最终要看效果。习近平总书记关于"时度效"的论述，关于新闻媒体要创新理念、内容、体裁、形式、方法、手段、业态、体制、机制的论述，关于加快媒体融合发展、构建全媒体传播格局的论述，关于增强传播力、引导力、影响力和公信力的论述，关于讲好中国故事、提升对外传播效果的论述，等等，都是着眼于舆论的举旗定向、凝心聚力作用，强调遵循新闻传播规律，顺应技术变革、社会变革与时代变革，占领信息传播制高点，牢牢掌握新闻舆论工作主动权，通过不断提升新闻舆论传播力、引导力、影响力和公信力，实现"两个巩固"，实现全国各族人民的政治认同和社会团结。

近年来，主流媒体努力提升内容品质、丰富内容表达、拓展内容呈现，使内容生产更加适应受众需求，推出了很多有思想、有温度、有品质的作品。比如，新华社推出的《太空日记》独家报道，受到年轻人追捧，成为"现象级"产品；上海广播电视台制作的纪录片《中国面临的挑战》从海外存疑的尖锐问题切入，采用外籍人士发问、我们答疑解惑的方式，获得了很好的传播效果。该纪录片在美国204家公共电视台累计完整播出3807集次，在纽约、华盛顿、洛杉矶等地覆盖率达 76%。① 与此同时，主流媒体在体制机制、政策措施、流程管理、人才技术等方面加快融合步伐，建立融合传播矩阵，打造融合产品，取得了积极成效。

当今新闻舆论工作的社会条件和技术条件发生了很大变化。一方面，社会思想观念和价值取向日趋活跃，主流的和非主流的同时并存，先进的和落后的相互交织，社会思潮纷纭激荡，灰色地带和黑色地带仍然有受众跟随，舆论引导的使命比以往任何时候都更为艰巨。另一方面，随着媒体智能化进入快速发展阶段，舆论生成机制更加多元分散、渠道更加多样智慧、传播更加迅捷无序、信息更加杂芜纷乱，舆论引导的任务比以往任何时候都更加复杂困难。过去一些做法有效，现在未必有效；过去有些不合时宜，现在可能势在必行；过去有些不可逾越，现在则需要大胆突破。为此，需要进一步创新传播手段，探索将人工智能运用在新闻采集、生产、分发、接收、反馈中，用主流价值导向驾驭"算法"，在信息生产领域，进行供给侧结构性改革，提高新闻宣传的质量和水平，扩大主流价值影响力版图，让党的声音传得更开、传得更广、传得更深入。

新闻媒体是社会舆论的发射器，也是社会舆论的放大器，是舆论引导和舆论斗争的重要阵地。习近平总书记曾指出："思想舆论领域大致有三个地带。第一个是红色地带，主要是主流媒体和网上正面力量构成的，这是我们的主阵地，一定要守住，决不能丢了。第二个是黑色地带，主要是网上和社会上一些负面言论构成的，还包括各种敌对势力制造的舆论，这不是主流，但其影响不可低估。第三个是灰色地带，处于红色地带和黑色地带之间。对不同地带，要采取不同策略。对红色地带，要巩固和拓展，不断扩大其社会影响。对黑色地带，要勇于进入，钻进铁扇公主肚子里斗，逐步推动其改变颜色。对灰色地

---

① 参见新华通讯社课题组：《习近平新闻舆论思想要论》，新华出版社 2017 年版。

带,要大规模开展工作,加快使其转化为红色地带,防止其向黑色地带蜕变。这些工作,要抓紧做起来,坚持下去,必然会取得成效。"①这一论述,在当前国际国内形势发生深刻变革的背景下,应当引起各级领导干部的高度重视。

从舆论的角度来看,意识形态安全是主流舆论生产能力、传播能力、引导能力、管理能力的副产品。如果把舆论比作大海,在舆论的海洋中搏击前行,需要各级领导干部识水性、善驾浪、练真功,提升与国家治理能力现代化要求、时代发展需求、公众实际需要相适应的舆论引导能力。

这是一个永远在路上的"大课题",是一个从着眼于国家长治久安的"战略全局"到着眼于意识形态领域的"工作布局",从"思想理念"到"制度建设",从"规律认识"到"工作方法",从"内外部挑战"到"化解回应",从"原则要求"到"能力支撑"的系统工作,任重而道远。

---

① 中共中央党史和文献研究院编:《习近平关于总体国家安全观论述摘编》,中央文献出版社2018年版,第104—105页。

第六章 完善意识形态领域风险防控体系

防范和化解意识形态风险,有两个工作路径:一是在具体工作层面,识别出风险源,即在问题浮出水面之前发现那些现实的或潜在的可能引发致命伤害的外部威胁、内部隐患,在此基础上创新方式方法手段,阻断风险事件的发生,避免有害后果;二是在组织管理层面,完善风险防控体系,要从维护价值安全体系、压实安全责任体系、健全风险防控机制、提高理论舆论引导能力、依法治网用网五个方面入手。

一、价值维护:坚持党性和人民性的统一

价值,是一个国家、一个政党的精神追求,表现为宗旨、信念、原则,其生命在于坚守。"为什么人的问题,靠什么人的问题,是检验一个政党、一个政权性质的试金石。"[1] 中国共产党同其他政党的根本区别在于"全心全意为人民服务",人民拥护不拥护、赞成不赞成、高兴不高兴、答应不答应,是衡量党的一切工作得失的根本标准。

在意识形态工作领域,各级领导干部必须坚持党性原则。坚持党性原则最根本的一条就是坚持党的领导,坚持党管意识形态、

---

[1] 《习近平谈治国理政》第3卷,外文出版社2020年版,第35页。

党管媒体、党管宣传。中国是一个有着14亿多人口的大国，没有强而有力的领导力量，没有明确的历史使命和发展方向，没有能够统一思想、整合观念、凝聚人心的精神旗帜和共同价值基础，整个社会就可能变成一盘散沙，中华民族也难以实现伟大复兴的历史重任。

坚持党性原则，必须要坚持党性与人民性的统一。在这方面，我们需要破除几个误区：一是误认为党性源于人民性，为了人民性可以不讲党性、放弃党性，所谓"什么时候人民的政府变成了党的政府"即是此类。这种观点在本质上还是割裂了党性与人民性的关系。二是误认为党性是人民性的集中体现，讲党性不需要讲人民性。这种观点貌似正确，实质上却动摇了党的群众基础，是对党和群众关系的破坏。三是误认为既然西方发达国家都讲"公意""公共意志""人民主权"，那么我们也应该突出"公意"，就讲人民性，各个政党的党性只是代表自己的党派性，不能与人民性并列。这种观点事实上没有深入理解我们党的性质和宗旨。四是误认为既然党在历史上犯过错误，现实中又有很多党员干部贪污腐败，那么就存在党性背离人民性的情况。由此得出，党性不一定始终与人民性保持一致的结论。这种观点是以个人个案代替了党这个整体，是"历史虚无主义思潮"在党性与人民性相统一这一原则上的反映。①

如果不能在思想上廓清上述认识，就不能在实践中坚持党性与人民性的统一。习近平总书记指出："在中国共产党领导的社会主义中国，党性和人民性是一致的、统一的。我们党以全心全意为人民服务为根本宗旨，没有自己的特殊利益，体现党的意志就是体现人民的意志，宣传党的主张就是宣传人民的主张，坚持党性就是坚持人民性。党性寓于人民性之中，没有脱离人民性的党性，也没有脱离党性的人

---

① 参见龚少情：《廓清党性与人民性关系的认识误区》，中国共产党新闻网，2016年10月9日。

民性。那些'你是替党讲话,还是替老百姓讲话''你是站在党的一边,还是站在群众一边'的论调,把党性和人民性对立起来,在思想上是糊涂的,在理论上是错误的,在实践上是有害的。"①

"党性和人民性都是整体性的政治概念,党性是从全党而言的,人民性也是从全体人民而言的,不能简单从某一级党组织、某一部分党员、某一个党员来理解党性,也不能简单从某一个阶层、某部分群众、某一个具体人来理解人民性。只有站在全党的立场上、站在全体人民的立场上,才能真正把握好党性和人民性。"②

坚持党性,核心就是坚持正确政治方向,站稳政治立场,坚定宣传党的理论和路线方针政策,坚定宣传中央重大工作部署,坚定宣传中央关于形势的重大分析判断,坚决同党中央保持高度一致,坚决维护中央权威。坚持人民性,就是要把实现好、维护好、发展好最广大人民根本利益,作为一切工作的出发点和落脚点,坚持以民为本、以人为本。这两者的统一体现为"中国共产党在自己的工作中实行群众路线,坚持一切为了群众,一切依靠群众,从群众中来,到群众中去,把自己的正确主张变为群众的自觉行动"。③

中国共产党的理论体系是以马克思主义为指导的,马克思主义虽博大精深,但归根结底就是一句话——"为人类求解放"。恩格斯曾说:"以往国家的特征是什么呢?社会为了维护共同的利益,最初通过简单的分工建立了一些特殊的机关。但是,随着时间的推移,这些机关——为首的是国家政权——为了追求自己的特殊利益,从社会的公仆变成了社会的主人。"④ 有鉴于此,马克思主义强调社会主义国

---

① 中共中央党史和文献研究院编:《十八大以来重要文献选编》(下),中央文献出版社2018年版,第213页。
② 中共中央文献研究室编:《习近平关于社会主义文化建设论述摘编》,中央文献出版社2017年版,第23页。
③ 《习近平谈治国理政》第2卷,外文出版社2017年版,第294页。
④ 《马克思恩格斯选集》第3卷,人民出版社2012年版,第54页。

家必须是人民共和国，国家一切权力属于人民。马克思主义以科学的理论为最终建立一个没有压迫、没有剥削、人人平等、人人自由的理想社会指明了方向。

中国共产党将马克思主义基本原理同中国革命、建设、改革和新时代的具体实际相结合，坚持马克思主义的人民立场，把为人民谋幸福作为根本使命，坚持全心全意为人民服务这一根本宗旨，贯彻群众路线，尊重人民的主体地位和首创精神，始终保持同人民群众的血肉联系。"以人民为中心""人民至上""以百姓之心为心"，是中国共产党领导中国特色社会主义事业，团结带领依靠人民推动历史前进的价值支撑和力量源泉。

《中国共产党章程》在"总纲"中明确指出："中国共产党的最大政治优势是密切联系群众，党执政后的最大危险是脱离群众。党风问题、党同人民群众联系问题是关系党生死存亡的问题。"安而不忘危、治而不忘乱，各级领导干部应从政治的高度深刻认识党密切联系群众的重要性。在任何时候、任何情况下，与人民群众同呼吸共命运的立场不能变，全心全意为人民服务的宗旨不能忘，坚信群众是真正英雄的历史唯物主义观点不能丢，这决定了人心向背，决定了党的事业成败和生死存亡。

坚持党性与人民性相统一，落实在新闻舆论工作中，就是要把对党负责和对人民负责统一起来、把服务群众同教育引导群众结合起来、把满足需求同提高素养结合起来，既要宣传好党的理论和路线方针政策、贯彻好党的重大决策部署，切实体现党的主张，又要着力实现好、维护好、发展好最广大人民的根本利益，实现对党负责和对人民负责的一致性。抽象、空洞、教条式、不接地气、不走心的灌输和说教，只会适得其反，让群众敬而远之；要在倾听群众呼声、学习群众智慧、服务群众利益中，反映群众意愿，调动群众积极性、主动性、创造性，增强新闻舆论的引导力、传播力、影响力和公信力。

二、体系协同：强化各方责任

改革开放以来，经济建设成为党的中心工作，各地各部门都将发展作为第一要务，集中精力搞经济建设。正如习近平总书记所指出："只要国内外大势没有发生根本变化，坚持以经济建设为中心就不能也不应该改变。这是坚持党的基本路线100年不动摇的根本要求，也是解决当代中国一切问题的根本要求"。①

然而，一个国家进步的力量、一个社会发展的活力，不仅仅来自经济方面，还来自精神文化方面。所以，"只有物质文明建设和精神文明建设都搞好，国家物质力量和精神力量都增强，全国各族人民物质生活和精神生活都改善，中国特色社会主义事业才能顺利向前推进。"② 从推进中国特色社会主义事业的高度看，必须将意识形态工作视为"党的一项极端重要的工作"来抓。

2013年8月19日，在全国宣传思想工作会议上，习近平总书记告诫全党："一个政权的瓦解往往是从思想领域开始的，政治动荡、政权更迭可能在一夜之间发生，但思想演化是个长期过程。思想防线被攻破了，其他防线就很难守住。我们必须把意识形态工作的领导权、管理权、话语权牢牢掌握在手中，任何时候都不能旁落，否则就要犯无可挽回的历史性错误。"③

在这方面，苏联的教训不可谓不深刻。苏联为什么解体？苏共为什么垮台？一个重要的原因就是意识形态领域的斗争十分激烈。从外部看，美苏之间的国家安全之战与国家利益博弈，首先落子在意识形

---

① 《习近平谈治国理政》，外文出版社2014年版，第153页。
② 中共中央党史和文献研究院编：《习近平关于总体国家安全观论述摘编》，中央文献出版社2018年版，第99页。
③ 中共中央党史和文献研究院编：《习近平关于总体国家安全观论述摘编》，中央文献出版社2018年版，第100页。

态领域，双方围绕争取国际舆论支持展开拉锯战。对于美国来说，尼克松一语道破了其"意图"和"玄机"——"使西方信息穿过每一道屏障，逐渐侵蚀苏联制度的基础，就像渗透的水可能侵蚀监狱的地基一样"。从内部看，不同派系的道路之争、制度之争、理论之争日益凸显。戈尔巴乔夫曾在回忆录《苏联的命运》一书中指出，为了对制度进行根本改革，苏联在1988年进入了"内容丰富"的第二阶段的改革，"这立足于另一些意识形态观点，其基础就是社会民主思想"。苏共在思想路线上的偏移，最终导致了组织分裂，致使自身在拥有近2000万党员时丧失了政权，形成了与其"在拥有20万党员时夺取政权、拥有200万党员时打败希特勒"的巨大历史反差。

2018年1月5日，习近平总书记在新进中央委员会的委员、候补委员和省部级主要领导干部学习贯彻习近平新时代中国特色社会主义思想和党的十九大精神研讨班上的讲话中振聋发聩地指出："我们这样一个有8900多万名党员、450多万个基层党组织的大党，能打败我们的只有我们自己。"①"马克思主义政党夺取政权不容易，巩固政权更不容易；只要马克思主义执政党不出问题，社会主义国家就出不了大问题，我们就能够跳出'其兴也勃焉，其亡也忽焉'的历史周期率。"②

人的思想观念是"逐步"形成的，相应地，改变和演化也必然有一个"漫长"的过程，这个过程将逐步积累能量。然而，令人吊诡的是，越是巨大的能量，有时反而越善于隐匿、越不易被察觉。它似乎在静静地等待，等待从量变到质变的那个瞬间，等待恰遭意外事件的"触发"，然后爆裂，造成猝不及防的颠覆性灾难。正是在这个意义上，意识形态工作被提高到"事关党的前途命运、事关国家长治久安、事

---

① 人民日报社评论部：《论学习贯彻习近平总书记"1·5"重要讲话》，人民出版社2018年版，第13页。

② 习近平：《推进党的建设新的伟大工程要一以贯之》，《求是》2019年第19期。

关民族凝聚力和向心力"的重要位置。

从以上两方面看，意识形态工作具有极端重要性，做好这项工作，需要全党动手、刻不容缓。各级党委政府应当把意识形态工作摆在更为显著的重要位置，从政治建设的高度来抓牢抓实抓细这项工作。

第一，强化领导责任。在党的十八大之前，有学者曾对基层党委的意识形态能力建设做过专题调研，相关的访谈过程和调研结果显示，在党的组织结构和国家政权结构中处于承上启下关键环节的"县"一级，意识形态工作存在较为突出的弱化现象。一些领导干部提及如下情况：

"即使是开常委会，也大都是传达一下上级文件，很少主动去谈重视和加强意识形态工作。尤其是如果'一把手'书记不讲，其他常委都不会去谈意识形态工作，否则很可能被视为另类！

"一有意识形态方面的事情，书记、市长往往就是交给宣传部，其他部门几乎都不管。尤其是政府部门的一些行政机关更是不谈、不管意识形态问题，认为自己抓好本部门的工作就行了。"[①]

对于类似现象，一些专家用"三笑"来概括，即"听到马克思主义冷冷一笑，听到中国特色社会主义微微一笑，听到共产主义哈哈一笑"[②]。

党的十九大之后，中央深化政治巡视工作，在巡视中发现，有的地方党委对意识形态工作领导不够坚强有力。这些表明，一些地方党委政府还不能从政治的高度认识意识形态工作，对意识形态工作还存在不同程度的轻视、忽视问题，需要进一步压实意识形态工作的政治责任和领导责任。各级党委应当从党的工作全局的角度来加强意识形态领域的各项工作建设，强化对意识形态重大问题的分析研判和重大战略性任务的统筹指导，不断提高领导意识形态工作的能力和水平。

第二，加强部门协同。网络技术日新月异的发展，不仅催生了人类社会的第四次传播革命，而且持续深化着这场革命。舆论热点的高

---

① 朱继东：《新时代党的意识形态思想研究》，人民出版社2018年版，第25页。
② 朱继东：《新时期领导干部意识形态能力建设》，人民出版社2014年版，第5页。

发多发、次生衍生等特征，把大大小小的每一个机构、部门，都置于显微镜和聚光灯下放大讨论，没有哪一个机构和部门可以置身事外、置之不理，信息发布、关切回应、形象修复、名誉重建，成为日常工作的重要组成部分。如果是从降低舆论热度的角度出发，按相关制度要求，进行政务公开和舆论引导即可。但是，深入研究发现，在每一起热点舆情事件之上，都集聚着公众的心理、情绪、利益和价值等诉求，做好信息发布和热点回应，不仅是一项事务性工作，更是一项政治工作，它本质上是政府与公众之间的沟通工作，是巩固党的群众基础工作。

习近平总书记指出："党的群众基础和执政基础包括物质和精神两方面。精神上丧失群众基础，最后也要出问题。"① 这个深刻论断及背后的理论逻辑贯穿网络舆论引导工作之中，就是强调通过网络走群众路线。"让互联网成为我们同群众交流沟通的新平台，成为了解群众、贴近群众、为群众排忧解难的新途径，成为发扬人民民主、接受人民监督的新渠道。"② 从这个意义上来看，各个部门都有自己的宣传工作，这些工作都是意识形态工作，也都是政治工作。在具体的事件处理上，可以就事论事，不泛化意识形态工作，但是从认识的高度看，应将舆情事件处置看作群众工作的一部分，处置得好，就能团结群众；处置得不好，就会伤害群众。因此，在意识形态工作上，各条战线、各个部门都应参与进来，共同做、齐心做。与此同时，作为意识形态主责单位，宣传部门应当同各个领域的行政管理、行业管理、社会管理部门更加紧密地结合起来。

第三，注重信息共享。信息是国家治理的重要资源，也是意识形态领域风险防控的重要决策依据。任何一项工作都存在不同的管理层次、管理类别、管理内容、管理阶段，因此，分级、分类、分项、分

---

① 中共中央党史和文献研究院编：《习近平关于总体国家安全观论述摘编》，中央文献出版社2018年版，第99页。

② 《习近平谈治国理政》第2卷，外文出版社2017年版，第336页。

时是管理的基本要素。很多领域之所以存在管理的漏洞、盲区、空白点，往往是交叉管理、信息混乱、指令不清造成的。基于此，风险管理领域更加强调统一领导、统一指挥、统一术语、信息共享。

在2016年的网络安全和信息化工作座谈会上，习近平总书记曾指出："要以信息化推进国家治理体系和治理能力现代化，统筹发展电子政务，构建一体化在线服务平台，分级分类推进新型智慧城市建设，打通信息壁垒，构建全国信息资源共享体系，更好用信息化手段感知社会态势、畅通沟通渠道、辅助科学决策。"① 这段话虽然强调的是政务信息化，但对于党的意识形态工作来说，同样适用。

我们需要信息化的手段来感知社会情绪和社会心理，需要在各个部门建立信息共享渠道发布指令、协调彼此行动，提高协同效率。在意识形态风险防控领域，面对突发事件威胁，更需要快速识别、快速汇集信息、快速集中研判、快速响应控制，对于时间、顺序、空间、时机和效率的要求是第一位的，因此，对于协同配合的要求标准也是极高的。然而，在意识形态领域，这方面工作还存在不足。

从风险管理和突发事件应急处置的角度看，军事领域的信息协同值得借鉴。没有信息的整合与集成，不能获取"海陆空、天电网"多维战场上奔涌不断的信息流，既不能填充指挥员的"大脑"，也不能调动参战的"四肢"部队。因此，要重视建立并打通"信息神经传输系统"，将因信息不畅而导致的"各自为战"转变成真正的"一体作战"，在发挥党的政治优势、组织优势和制度优势的基础上，加上信息驱动和信息协同的新技术手段，提升意识形态风险防控效能，实现各部门工作的即时联动与无缝衔接。

第四，加强规范指导。对如何防控意识形态领域风险，做到早发现、早报告、早处置，很多地方并不清楚，既没有参照标准，也没有过往经

---

① 习近平：《在网络安全和信息化工作座谈会上的讲话》，人民出版社2016年版，第6页。

验。党的十八大以来,中央高度重视意识形态工作,相应地,地方也开始加强对这项工作的领导和管理,不仅敢于旗帜鲜明地在主阵地批驳错误观点,而且强化了对相关商业网站、"两微一端"的管理,加大了对属地举办讲座讲坛、论坛报告的审批,这些都有利于意识形态风险防控工作。

然而,在实际工作中,也存在几种情况。比如,泛化或扩大意识形态问题,拿着意识形态标签到处贴,不能正确区分学术问题和政治问题,把一般学术问题当成政治问题,引起群众的反感。再如,害怕出现意识形态问题,采取掩耳盗铃、捂盖子的做法,把政治问题当成一般学术问题,态度观点模糊,言说吞吞吐吐,不担当慢作为。又如,部分网络舆论围绕热点事件上纲上线,形成两派或多派力量,彼此给对方贴上极左或极右等各类所谓"主义派别"标签,引发不同立场者介入讨论,造成思想领域里的混乱。还如,基层意识形态工作空泛,社区、街道、县区找不到工作抓手,处理敏感复杂问题的理论能力、综合研判能力、处置能力明显不足。

解决这些问题,需要强化自上而下的规范指导,不仅应当制定相关的指南、预案、手册,而且应当编写案例读本、分享经验教训,为各级党委政府防控意识形态领域里的风险工作提供参考、依循,避免出现因缺乏规范指导或考虑局部利益得失,而造成意识形态领域风险防控工作的空白、漏洞和隐患。

三、制度优化:建立双重预防机制

《左传》有言:"居安思危,思则有备,有备无患。"防范化解意识形态风险,首先是做好思想准备、工作准备和制度准备。这需要在常态工作中,强化风险意识,构建风险管理战略,按照风险管理的普遍科学规律,做出相应的工作安排,比如,进行情景构建、推演风险事件的传播链条、预测风险后果、评估风险管理措施、测试风险承受能力、借鉴成熟的风险管理技术和管理工具等。

安全生产领域建立的突发事件"双重预防机制",有一定的借鉴意义。双重预防机制的假设是,危险源、有害物质或能量是事故发生的根源所在。为避免事故发生,首先应将其辨识出来,并设置相应的安全屏障进行防控。同时,客观来看,安全屏障往往都不可避免又不同程度地存在着缺陷、漏洞,为使安全屏障有效发挥作用,还要对安全屏障上的缺陷、漏洞进行辨识和封堵。这一过程包含了双重预防步骤。第一重是"风险源防控",需要对危险源、有害物质或能量等,进行识别、分类、分级、记录、归档;第二重是"安全屏障修护",需要从技防、人防、物防、制度防等多方面入手。通过第一重预防机制,可以梳理风险因素,做到心中有数,避免"认不清、想不到"的情况发生;通过第二重预防机制,可以强化安全屏障,控制和压缩风险发生的条件和可能性,避免"管不住"的情况出现。

纵观很多安全生产事故,固然有因缺少对危害物质的识别而没有建立安全屏障,致使"想不到"的事故发生,但是,更多的事故却是因为"没管住"造成的。也就是说,虽然辨识出了需要防控的危险因子,也设置了相应的安全屏障,但由于安全屏障的缺陷、漏洞太多,导致形同虚设、屏障失灵,没有发挥应有的阻拦或控制作用,从而造成事故。这表明,有效避免或减少事故的发生,需要全面辨识危险源并设置相应的屏障,但这仅仅是第一步。第二步的工作是"打补丁",要堵住安全屏障上的漏洞,解决所谓的"管不住"的问题,这恰恰是隐患排查的关键,也是安全生产事故治理的重点。关于这一点,安全管理理论中的"奶酪模型"更具有说服力。

重大突发事件是一系列因素相互组合的结果。这些因素可能是显性的,也可能是隐性的,它们在时间和空间上可以共存。詹姆斯·雷森(James Reason)曾用瑞士奶酪切片来比喻"安全门",如图6-1所示。"安全门"就像奶酪切片一样,在不同地方存在不同的孔(漏洞),这些孔也被称为"隐形失效"或"隐性条件"。这一模型显示，触发因子从"小萌芽"发展成"大事件"，要击穿一系列的"安全门"。没有这个复杂甚至"艰难"的过程，触发因子"没有能耐"导致最终的灾害。

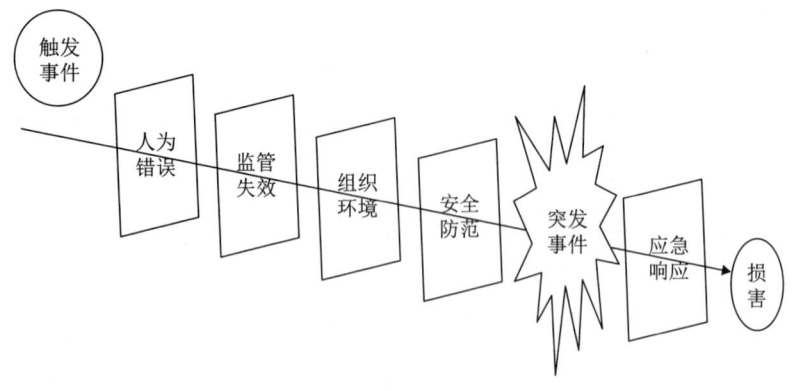

图 6-1　瑞士奶酪模型

瑞士奶酪模型指出了事件发生的"逻辑递进"过程。一是只有在防护"安全门"失效的情况下，事件（故）才会发生。二是往往由于人为的失误、错误导致了"安全门"失效。从安全管理的角度来看，随着技术可靠性水平的不断提高，技术因素在事故中的贡献比重逐年降低，而人的因素逐渐提高。以航空业为例，据波音公司对全球商业喷气式飞机在1959—2001年所发生事故的原因调查分析，机组人为错误、航空管制的劫机等人为因素事故比例高达70%以上，其他诸如飞行器故障、天气等因素导致事故的比例则分别为14%和7%。[①] 三是人为的失误和错误更易于在特定的条件下发生，这些条件来源于隐性失效。四是隐性失效由一些基本风险因素（basic risk factors, BRF）构成。它是机构中长久存在的错误因素，但一直处于隐藏状态，如果没有触发事件，它们的影响就不会浮出水面。[②]

---

① 参见马文·拉桑德：《风险评估：理论方法与应用》，刘一骝译，清华大学出版社2013年版，第107页。
② 参见马文·拉桑德：《风险评估：理论方法与应用》，刘一骝译，清华大学出版社2013年版，第117页。

与此同时，瑞士奶酪模型也分析了任意组织不同层级对于事故的潜在影响。一是领导层。领导层的职责是进行战略选择与战略决断，往往在多个目标之间进行平衡，比如对自己所辖区域，更看重安全还是更关心发展，更愿意冒风险获利还是更注重隐患排查、安全投入。保持平衡很艰难，失去平衡却很容易。风险管理决策往往是领导层在多因素之间权衡的结果。二是执行层。执行层负责实施决策者制定的政策，他们会将决策与部门、企业、组织的运营相结合，形成对于执行过程的推动和控制。三是安全环境。高层决策导向和执行层的管理活动，将为组织运转建构起一个内部工作环境，也可称为一系列的内部工作条件。这些条件有些是显性的，有些是隐性的，它们对组织运行的绩效及工作偏差，具有决定性影响。四是一线工作人员。如果组织运行的环境不够优良，那么，一线工人的不安全行为更易滋生并传染。五是自动防范措施。现在的制度规则、技术条件、防护设施、物资设备、预警装置，在人的不安全行为发生时，恰恰也正好失效。

以上分析表明，进行风险管理，应从两方面入手，一方面是识别风险源，在意识形态领域，主要指危害国家安全、公共安全、分裂国家、颠覆政权的有害信息和涉政谣言，防止和阻断有害信息传播，弘扬主旋律、传播正能量，以光明面引导人、激励人。另一方面，进行风险管理的法规制度责任建设，补齐短板、堵住漏洞，不让意外小风险连续击穿"安全门"。基于此，应当将风险管理作为战略管理的一个板块，纳入意识形态工作的日常管理中，通过设置风险管理机构或功能小组进行风险识别、风险分析、风险评价、风险控制、风险评估。在这个过程中，应当对风险发生的可能性、后果及控制力进行分析，确定风险等级，进行风险排序，选择处置方式。图6-2给出了一个较为通用的风险管理过程，可作为风险管理的工作参照。

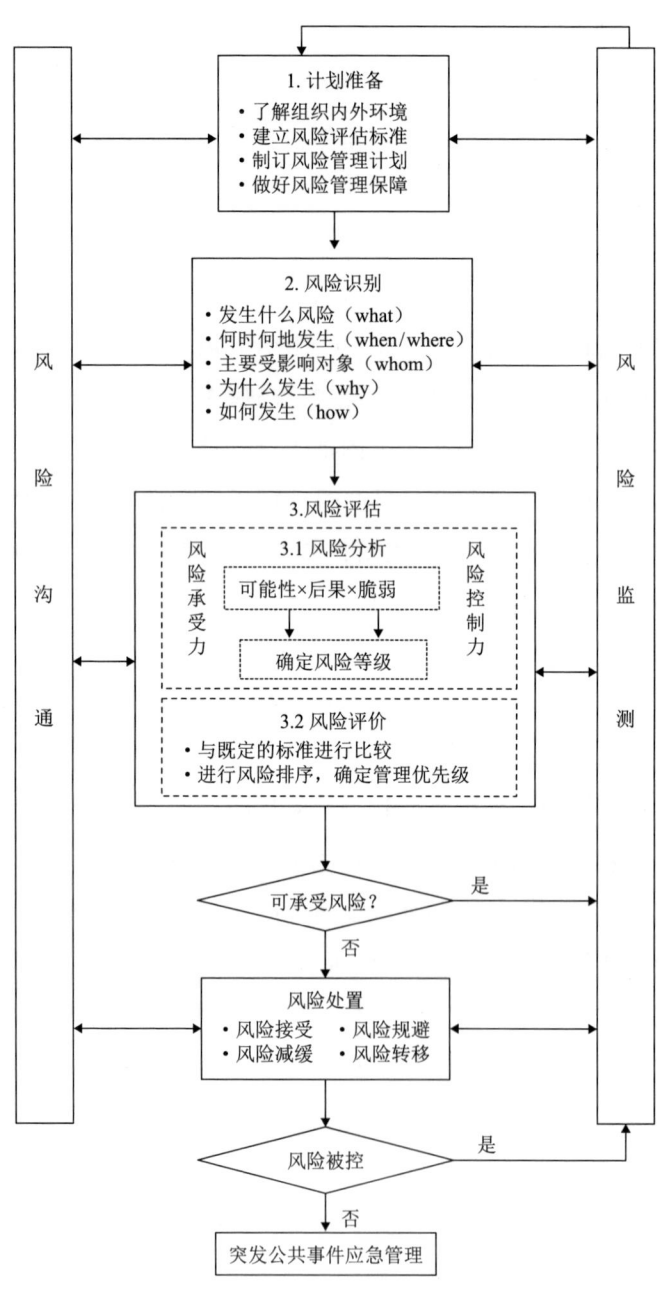

图 6-2 风险管理过程

资料来源：澳大利亚/新西兰风险管理标准（Risk Management，AS/NZS4360：2004）

总的来讲，意识形态工作具有特殊性，也具有极端重要性，本质上是一项政治工作，是在人的头脑中搞建设，决不能出现政治性差错，决不能给错误的思想和观点提供传播渠道，决不能宣传同党的方针政策相悖的观点和做法，更不能片面地错误地宣传党的方针政策。各级领导干部不仅应保持高度的政治敏锐性和政治鉴别力，而且应不断巩固和壮大主流思想舆论，弘扬社会主义核心价值观，培育健康积极的社会心态，引导恰当的社会预期。与此同时，要从信息内容、传播渠道、公众认知、管理制度，以及提高正面宣传的质量和水平等方面入手，全方位维护意识形态安全。

四、主流舆论：高扬正能量

古今中外，舆论历来是影响社会发展的重要力量。舆论导向正确，能凝聚人心、汇聚力量，推动事业发展；舆论导向错误，会动摇人心、瓦解斗志，危害党和人民事业。

新媒体环境下，人人可以开微博、发微信、办公众号，建立自己的媒体。自己是自己内容的生产者、把关者、传播者、评论者。一个普通的网络用户，因为新技术的发展和普及，逐渐从"阅读者"转变为"写作者"，从"媒体受众"转变为"自媒体人"，在相当程度上，实现了所有人对所有人的传播。

客观来看，进入新媒体平台的门槛很低，无论受教育程度的高低，只要会听说读写，就可以发声，这意味着，发声群体的规模可以很大、很不同，据统计，截至2019年3月，中国手机网民规模已达9.04亿，平均每天上网4小时以上。可以说，这个舆论场的主体规模巨大，每天的信息产量也巨大。因此，在任何重要议题上，他们几乎都创造了完整而强烈的意见光谱——从最左端到最右端。

光谱的连续性意味着，在任何问题上，都会产生非常多元的视角和解读，也因此很难让多数人凝聚在"最大公约数"周围，甚至有时连最大公约数都难以形成。立场与立场之间彼此不可通约，也彼此视而不见，各自是各自的"回音壁"，只在自己的范围内集聚同类，造成较为普遍的"圈群化"现象。在这样的背景下，整合舆论场的难度可想而知。

一方面，曾经有研究指出，"低学历、低年龄、低收入"的"三低人群"是微博的主力军，在真实世界并不占优势的他们，在网络中表达着自身对于资源、权力、机会的渴望。他们自我赋能，设置众多主流未曾关注却又值得讨论的议题，拓展话语的范围，增强话语的自由度。另一方面，也有研究指出，近年来，无论是在一般的大众社交媒体还是精英主导的专业化网络平台，受过良好教育、有稳定工作和中等收入的网民，都正在网络舆论场的话语方向上扮演越来越重要的角色。①

事实上，无论是舆论议题还是舆论生态，都反映了社会现实，是社会现实"投射的影像"。不管是哪个群体、哪个阶层，在网络舆论场中更具影响力，这种区分本身就说明中国社会正在走向分化，不仅可以按年龄、受教育程度、收入来划分网民，还可以按民族、职业身份、地域等指标来划分。他们不同的个体或群体特征将决定他们把自己的主张、立场、经验、感受、情绪等一切可以表达的东西，以极其不同的方式表达在网上。正如李普曼在《公众舆论》一书中所言："同一个故事在所有的听众那里都会变得各不相同。由于没有两个人的经历会一模一样，每个人都会从稍有差异的角度接受那个故事，会用自己的方式把故事再现一番，并在其中注入他的情感。其结果是，观众的成分越复杂，对故事的反应差异就越大。当观众的数量增加时，他们共同使用的词汇数量就会减少"②。这种众多不同立场、不同利益、不同

---

① 参见郑雯、桂勇、黄荣贵：《寻找网络民意：网络社会心态研究（第一辑）》，华夏出版社2017年版。
② 沃尔特·李普曼：《公众舆论》，阎克文、江红译，上海世纪出版集团2015年版，第129—130页。

出发点、不同背景的各自的表达，使得舆论整合极其困难。

虽然舆论的光谱包含每一个声调，但是，最大的声量往往来自两端。因此，群体极化（group polarization）的现象极其常见。芝加哥大学法学教授卡斯·桑斯坦（Cass R. Sunstein）在《网络共和国》一书中指出，每个人都有自己的成见或意见偏向，在网络上很容易找到同伴、形成群组。他们在自己的群体内展开讨论，得到相同的回应，没有对立的争论，于是进一步强化了原有的偏向，甚至形成极端观点，并虚幻地认为自己的意见是"网上的主流"。他们大声地表明自己的观点，越是极端越容易吸引眼球，产生流量。

在一些情况下，意见光谱两端的观点会展开公共论辩，对于立场还不明确的人来说，这是浏览和观察双方争论并选择立场的好机会。德国传播学者诺尔-诺依曼（Elisabeth Noelle-Neumann）曾指出，在公共舆论中，论辩的质量不是人们关心的重点，人们关心的是两个辩论阵营哪一个在辩论中足够强势，从而使对立的另一派受到孤立、排斥、驱逐的威胁。社会个体会细心观察一个派别的强势和弱势在周围环境中所表现出的信号，一些人想站在胜利者一边，呈现出"乐队花车效应"；另一些人则吞下自己的观点，进入"沉默螺旋状态"。

事实上，舆论场中既不乏"喧嚣的乌合之众"，也不乏"沉默的大多数"；既有大量精英的"冷眼旁观"，也有底层大众的"一点就燃"；既有境外异见力量的"伺机策动"，也有网络大V的"呼风唤雨"；既有网络"民意审判"，也有网民"全程围观"。越是众说纷纭，越是七嘴八舌，越有人要带节奏，越需要澄清事实、旗帜鲜明、辨清是非、明晰曲直，在众声喧哗中敲响"定音鼓"，在复杂多元的舆论中以一种简明而稳定的普遍观念和共识来引领公众。

这种普遍观念和共识"像个战略铁路枢纽，汇聚着许多线路，而不管它们最初始于何处，最终目的地又是哪里。谁抓住了这些能够将目前的公共感情包容起来的象征，谁就控制了制定公共政策的大多数机会"①。具体来说，这就是我们的核心价值观，是我们的主流价值。为此，必须要让正能量更强劲、主旋律更高昂。这需要进一步推动媒体融合，做大做强新型主流媒体，让积极、正确的思想舆论不断发展壮大，占据时代、真理、道义的制高点，在话语体系和正面宣传质量上下功夫，用主流价值导向驾驭算法，提高用网、治网水平，使互联网这个"最大变量"变成中国特色社会主义事业发展的"最大增量"，形成网上网下"最大同心圆"，使全体人民在理想信念、价值理念、道德观念上紧紧团结在一起，为实现中华民族伟大复兴的宏伟目标凝心聚力。

五、网络管理：形成同心圆

传播学巨匠麦克卢汉（M. Mcluhan）在《理解媒介：论人的延伸》一书中指出，一切媒介都是感官的延伸，任何一种新技术都会带给人类一种延伸，都要在我们的事务中引进一种新的尺度。现代社会的未来及精神生活是否安定，很大程度上取决于在传播技术和个人的回应能力之间是否能维持平衡。②

"移动互联小屏"是对互联网、手机、App、平板电脑等软硬件一体电子装备的统称，是人类数字化生存不可或缺的"随身携带物"。据统计，在中国9.04亿网民中，手机上网使用率高达99.3%，人均每周上网时间达30.8小时。这些数据意味着，社会大众接收信息的主渠道已经发生变化，"移动互联小屏"成为重要端口，自选的新闻客户端以及微博、微信、抖音等社交媒体成为网民的"第一信息源"。在很大程度上，传统媒体也更倾向于从互联网中找到"软新闻"或"硬新闻"。尤其是面对重大突发事件，由于目击者和当事人往往活跃于网上，各类碎片化信息、图片、视频充斥四溢，网络更成为传统媒体的

---

① 沃尔特·李普曼：《公众舆论》，阎克文、江红译，上海世纪出版集团2015年版，第154页。
② 参见马歇尔·麦克卢汉：《理解媒介：论人的延伸》，何道宽译，译林出版社2011年版。

"新闻水源地"。网络技术越发展,大众使用越便利,也就越发凸显出"网络的大众化"与"大众的网络化"两个特征。这两个特征,将互联网演变成了一个我们赖以生存的、"无限信息自由流动的社会"。

2019年6月,有"互联网女皇"之称的玛丽·米克尔（Mary Meeker）发布了《2019年互联网趋势报告》,该报告不仅对"网络产业"的发展趋势作了展望,而且对"网络使用行为"中存在的几个问题作了描述和分析:一是实验发现网络参与者的新闻选择偏好特征是,不管人们说什么,参与者都表现出对负面新闻内容的兴趣。二是通过用户的搜索历史、阅读历史、关注账号、应用互动、兴趣爱好等要素做算法信息推送,会进一步"放大"用户的行为模式。三是社交媒体放大网民的不良行为。据统计,42%的人在网上骂过人,32%的人在网上传播谣言,16%的人运用网络进行人身威胁。四是心怀叵测的作恶者可以放大极端意识形态的影响。五是互联网让阴谋论的信徒互相分享他们的观点和"证据",让阴谋集团成员变得更加"同质化"。六是一些人接受恐怖主义,在思想和行为上变得更加激进,原因是受到互联网上有害言论的蛊惑和影响。七是互联网上之所以存在大量错误的内容,往往因为被过滤的"相对较少"加上被放大的"相对较多"。八是就网络参与行动而言,有69%的人通过社交媒体让政府官员注意到问题,67%的人通过社交媒体为社会变革创造持续的运动,58%的人通过社交媒体影响政府政策决定。九是搜索引擎作为公众信息服务媒体,不以"公益服务"为指引,而以"市场行为"为借口来为信息操纵辩护。十是网络公关公司和网络营销公司,策划流行事行、攻击竞争对手、张贴广告软文,既做网络推手,又做网络打手,掩盖真实民意。

这些问题是具有普遍性的,任何一个国家都要对其作出回应。作为产业的互联网、作为媒体的互联网、作为社会成员交往生活的互联网、作为大众政治的互联网、作为恐怖主义激进主义政治动员工具的互联网,等等,政府治理体系需要在互联网的这几个功能属性之间做出策略平衡。

就互联网对意识形态的影响而言，存在着不同视角的解读。一种是政治学视角，认为互联网对社会进行了赋权（enpowerment），社会对互联网的使用促进了公共辩论和问题传播。互联网不仅仅是国家和社会之间互动的渠道和工具，而且是一个新的"政治阵地"，国家和社会都试图在这块阵地上扩大它们自身的政治空间。政府利用互联网向公众传播政策议程，公众利用互联网对政策进行讨论并对政府作出回应。① 在很大程度上，互联网内容管理不是一个舆论引导问题，而是一个"社会治理"的问题。

另一种传播学的视角认为，大众对互联网的使用在一定程度上实现了传播资源的"泛社会化"和传播权力的全民化，新技术应用以所向披靡的力量解构了国家对传播权力的垄断，传播力量由国家向社会转移，这一进程逐步削弱了国家在信息、技术和意识形态上的主导地位。作为一个新的话语表达空间，互联网让各类思潮和意见有了公开显示的场所。自由主义、极端民族主义、民粹主义、历史虚无主义等多元思潮的泛滥给重塑主流意识形态权威提出了挑战。②

这两种视角的差异在于前者将互联网看作是治理的问题，后者将互联网看作是思想阵地的争夺问题，这两种问题既表现和来源于社会的客观现实层面，也表现和来源于人的主观思想层面，两者互相交织，复杂难解。观察当今的网络舆论场，不容否认，它确实已经成为信息传播的集散地、话语碰撞的大擂台，各种新媒体、平台、终端不仅在新闻内容上激烈竞争，在思想观点、价值取向上也相互交锋、较量，成为意识形态斗争的主战场。

从国际上看，伴随着中国国家实力的增强和国际地位的提高，中西之间在制度与观念上的竞争，在一定时期内只会增强不会减弱。境

---

① 参见郑永年：《技术赋权：中国的互联网、国家与社会》，东方出版社2014年版。
② 参见李良荣：《新传播革命》，复旦大学出版社2015年版。

外某些力量运用舆论的战术战法娴熟，虚假信息、造谣生事、热点利用、抹黑形象、瓦解信任、攻击污蔑等手段多样，与此同时，网上也存在一部分煽风点火、浑水摸鱼、颠倒黑白、信口雌黄、是非不分等不良现象。如果任由其泛滥汹涌，势必成灾致祸、危及国家安全。

中国共产党是一个使命型政党。党的十九大报告明确指出，2020年是全面建成小康社会的决胜期。从2020年到2035年，在全面建成小康社会的基础上，再奋斗十五年，基本实现社会主义现代化，从2035年到21世纪中叶，在基本实现现代化的基础上，再奋斗十五年，把我国建成富强民主文明和谐美丽的社会主义现代化强国。从"全面建成小康社会"到"基本实现社会主义现代化"再到"建成社会主义现代化强国"，这一伟大历史进程，需要全社会方方面面"同心干"，心要往一处想、劲要往一处使。习近平总书记指出，如果一个社会没有共同理想，没有共同目标，没有共同价值观，整天乱哄哄的，那就什么事也办不成。这既不符合人民利益，也不符合国家利益。网上网下要形成同心圆，什么是同心圆？就是在党的领导下，动员全国各族人民，调动各方面积极性，共同为实现中华民族伟大复兴的中国梦而奋斗。

形成网上网下同心圆，一是高扬正能量，二是依法进行网络管理，三是通过网络走群众路线。习近平总书记指出："网民大多数是普通群众，来自四面八方，各自经历不同，观点和想法肯定五花八门的，不能要求他们对所有问题看得那么准、说得那么对。要多一些包容和耐心，对建设性意见要及时吸纳，对困难要及时帮助，对不了解情况的要及时宣介，对模糊认识要及时廓清，对怨言怨气要及时化解，对错误看法要及时引导和纠正，让互联网成为我们同群众交流沟通的新平台，成为了解群众、贴近群众、为群众排忧解难的新途径，成为发扬人民民主、接受人民监督的新渠道。"[①]

[①] 《习近平谈治国理政》第2卷，外文出版社2017年版，第336页。

第七章　提高涉意识形态突发事件处置能力

意识形态工作做得好不好，很重要的一个评估指标是，在主管区域和主管部门能否避免和减少意识形态突发事件的发生。然而，没有"绝对的安全"，必须要做好"预防"和"应急"两手准备。因此，衡量意识形态工作做得好不好，还有一个指标，那就是当出现意识形态突发事件时，能否及时、有效、稳妥地决策、指挥与处置，最大限度地控制、减轻和削弱意识形态突发事件给社会心理和公众情绪带来的巨大冲击，最大限度地降低意识形态突发事件给政权安全造成的负面影响。

涉意识形态突发事件，在现有的文件、教材、理论文章中没有明确的定义。但在实际工作中，各级党委政府和部门为了落实"党管意识形态"原则，牢牢掌握意识形态的领导权和主动权，相应地成立了意识形态领导小组，明确了领导班子和领导干部的意识形态工作责任，强调对意识形态领域内的重大事件、重要情况，做到早发现、早预防、早处置。一些地方党委还成立了涉意识形态工作的会商机制、联防联控机制、跟踪研判机制、信息共享机制、应急处置机制等工作机制。这些机制都是对涉意识形态领域突发事件进行风险防控与临机应变的工作准备。从这些工作机制来看，在意识形态领域，客观上存在需要应对的突发情况，只是没有形成约定俗成的、使用广泛的、共识度高的、严谨准确的概念表述。

从学理上看,涉意识形态突发事件由"意识形态"和"突发事件"两个概念组合而成。对此,可以从两个维度理解,一个维度是,发生在意识形态管理领域内的突发事件,如在主管阵地领域,比如新闻媒体、出版物、门户网站、微信公众号、文艺作品、报告会、研讨会、讲座、论坛等平台,在"举什么旗、走什么路"等重大问题上出现偏差、制造混乱、误导公众,已经具有了突发性、紧急性、严重性和不确定性等特点。

另一个维度是,由其他公共突发事件引起舆论风暴,由"舆论表层"逐步传导至人的"观念深层",引发公众对于政策、制度、党委政府的不满,进而削弱对于党和国家的政治认同与自觉的心理服从。历史和经验表明,但凡重大突发事件,必定引发全社会的广泛关注和讨论,进而牵动全社会的政治感情、政治心理和政治思想。因此,面对重大突发事件,既要就事论事,看到事件本身对于物质实体造成的"可见破坏",也要超越于事件的有形部分,看到其对于人的观念、思想和态度等精神实体造成的深层"不可见影响"。换言之,是看到其对于"人心"这一"最大的政治"的影响,看到其对于党员干部群众的深层政治观念的影响。

一、把握政治方向:指导思想不动摇

方向问题带有根本性、统领性,方向错了就会南辕北辙、犯颠覆性错误。处置涉意识形态突发事件,政治方向是第一位的问题。

一个世纪以来国际舞台上最具悲情色彩的大国大党莫过于苏联和苏共,其兴衰荣辱像摆在我们面前的一面镜子,足够透亮,可以正衣冠。2013年1月5日,在新进中央委员会的委员、候补委员学习贯彻党的十八大精神研讨班开班式上,习近平总书记曾告诫大家:

"苏联为什么解体、苏共为什么垮台？一个重要原因就是意识形态领域的斗争十分激烈，全面否定苏联历史、苏共历史，否定列宁，否定斯大林，搞历史虚无主义，思想搞乱了，各级党组织几乎没有任何作用了，军队都不在党的领导之下了。最后，苏联共产党偌大一个党作鸟兽散，苏联偌大一个社会主义国家就分崩离析了。这是前车之鉴啊！"①

之后，在第十八届中央纪律检查委员会第二次全体会议上，习近平总书记再次提到苏共，他明确指出："现代政党都是有政治纪律要求的，没有政治上的规矩不能成其为政党。就是西方国家，主要政党在政治方面也是有严格约束的，政党的重要成员必须拥护本党的政治主张、政策主张，包括本党的意识形态。大家注意看就知道，西方国家议会投票，往往是政党壁垒分明，一个党的议员要不就是都反对，要不就是都支持。这说明了什么？不就是各党对自己的党员有政治上的约束嘛！对那些在政治上行动上与本党离心离德的党员，西方国家政党也是要执行纪律的，甚至给予开除处分。一个政党，不严明政治纪律，就会分崩离析。苏联解体前，在所谓'公开性''民主化'的口号下，苏共放弃了民主集中制原则，允许党员公开发表与组织决议不同的意见，实行所谓各级党组织自治原则，一些苏共党员甚至领导层成员成了否定苏共历史、否定社会主义的急先锋，成了传播西方意识形态的大喇叭，苏共党内从思想混乱演变到组织混乱。最后，这样一个有着九十多年历史、连续执政七十多年的大党老党就哗啦啦轰然倒塌了。人们曾经提出一个问题，苏共早年在有二十万党员时能够夺取政权，在有二百万党员时能够打败法西斯侵略者，而在有近二千万党员时却丢失了政权、丢失了自己，这是为什么？我看，很重要的一个原因是政治纪律被动摇了，谁都可以言所欲言、为所欲为，那还叫什么

---

① 参见习近平：《关于"坚持和发展中国特色社会主义的几个问题"》，《求是》2019年第7期。

政党呢？那是乌合之众了。"①

苏联的解体问题在苏共。然而，苏共的失败不是在战争中发生的，而是在和平的条件下发生的；苏共不是被下层群众起义推翻的，而是由党的领导人自己解散的。② 关于苏东剧变，国内外学术界进行了很多讨论，涉及经济、社会、文化、历史、军事、民族、体制、内外部、主客观等各个方面③，涉及改革失败、军备竞赛、危机爆发及"最后一棵稻草"的压力，不过，最根本的一条，还是国家在解体之前已经形成了"孕灾环境"。

这个"孕灾环境"就是关于制度、道路往哪里去的争论，背后是思想和意识形态上的摇摆、分裂和争锋。没有思想上的统一，就没有力量上的统一；思想的瓦解，必然导致力量的瓦解。苏共对党员逐渐失去社会有效的整合能力和领导能力，自身也从思想涣散走向组织涣散，最终造成权威丧失、权力崩解，致使苏联人民承受了无尽的代价。戈尔巴乔夫后来曾不无遗憾地说："苏联垮台后，人们不能不提出一个问题，接下来怎么办？我们往何处去？……我们不放弃社会主义价值……社会主义，按我现在对它的理解，是一种世界观。我深信，在当今世界没有社会主义价值就不可能有政治。今天特别需要这种价值"。④ 然而，为时已晚，一个国家、一个民族付出了无可挽回的沉重代价。

解决中国的问题只能在中国大地上探索适合自己的道路和方法。

---

① 中共中央文献研究室编：《十八大以来重要文献选编》（上），中央文献出版社 2014 年版，第 133—134 页。
② 参见张树华：《苏联共产党意识形态工作的教训》，社会科学文献出版社 2018 年版。
③ 沈大伟在《中国共产党：收缩与调适》一书中分析了中西方学者对于苏联垮台的多维度研究，就文化因素而言，强调公众对政权及意识形态的玩世不恭；与社会主义文化的疏远；越来越不顺从的媒体，以及宗教的吸引力等。参见沈大伟：《中国共产党：收缩与调适》，吕增奎、王新颖译，全国百姓出版社、中央编译出版社 2012 年版。
④ 米哈伊尔·谢尔盖耶维奇·戈尔巴乔夫：《苏联的命运——戈尔巴乔夫回忆录》，石国雄、杨正译，译林出版社 2018 年版，第 152 页。

数千年来以来,中华民族走着一条不同于其他国家和民族的文明发展道路。近百年以来,中华民族的仁人志士在各种主义和思潮中[①]求索,寻找适合中国国情的道路。"君主立宪制、复辟帝制、议会制、多党制、总统制都想过了、试过了,结果都行不通。中国选择了社会主义道路。"[②] 这条道路在实践中,有成功也有失误,甚至出现过严重曲折,但我们始终坚持从中国国情和时代要求出发,探索和开拓适合自身的发展道路,形成了中国特色社会主义。独特的文化传统,独特的历史命运,独特的国情,注定了中国必然走适合自己特点的发展道路。

然而,在这方面,一些党员干部并不清醒。尤其是在政治制度上,看到别的国家有而我们没有就简单认为有欠缺,要搬过来;或者,看到我们有而别的国家没有就简单认为是多余的,要去除掉。这两种观点都是简单化的、片面的。一个国家生长出什么样的政治制度,不是"设计"的产物,而是历史与现实、理论与实践、形式与内容、原则与方式等各个方面相互结合,不断遭遇矛盾与挑战的考验,进而与时俱进地调适、积累和传承的结果,是逐步形成和完善的。政治制度的功能是调节政治关系、建立政治秩序、推动国家发展、维护国家稳定,不能脱离一个国家、一个社会特定的历史文化政治条件来抽象评判,更不可能千篇一律、归于一尊。治理一个国家,推动一个国家实现现代化,不可能突然搬来一座政治制度上的"飞来峰",而是要逐步走出自己的道路,创造出自己的模式。

在向党的十九届四中全会说明《中共中央关于坚持和完善中国特色社会主义制度、推进国家治理体系和治理能力现代化若干重大问题的决定》的起草情况时,习近平总书记在党的十九届四中全会第二次

---

① 包括无政府主义、新村主义、合作主义、泛劳动主义、基尔特社会主义、社会民主主义等。
② 习近平:《出席第三届核安全峰会并访问欧洲四国和联合国教科文组织总部、欧盟总部时的演讲》,人民出版社2014年版,第43页。

全体会议上讲话时指出："一个国家选择什么样的国家制度和国家治理体系，是由这个国家的历史文化、社会性质、经济发展水平决定的。中国特色社会主义制度和国家治理体系不是从天上掉下来的，而是在中国的社会土壤中生长起来的，是经过革命、建设、改革长期实践形成的，是马克思主义基本原理同中国具体实际相结合的产物，是理论创新、实践创新、制度创新相统一的成果，凝结着党和人民的智慧，具有深刻的历史逻辑、理论逻辑、实践逻辑。"① 对此，我们应充分自信，毫不动摇坚持、与时俱进发展，不断完善。

在意识形态领域把握正确的政治方向，就是坚持以马克思主义为指导，坚持党的领导，坚持中国特色社会主义制度，在举旗定向上保持清醒、立场鲜明、敢于担当，牢牢掌握意识形态工作领导权、管理权和话语权。

二、强化风险意识：识别"灰犀牛"与"黑天鹅"

2019年1月，在中央党校省部级主要领导干部"坚持底线思维着力防范化解重大风险"专题研讨班开班式上，习近平总书记指出，既要防范"灰犀牛"，又要警惕"黑天鹅"。

"灰犀牛"是一种概率极大、冲击力极强、能够被识别、却又常常被无视或忽略的风险。典型的"灰犀牛"案例是震惊世界的"9·11"恐怖袭击。小布什在《抉择时刻》一书中回忆：

在"9·11"之前，中情局担心过基地组织可能会进行袭击，但所有情报均显示袭击会发生在海外。

在夏天时，我要求中情局重新审视一下基地组织的威胁，评估其在美国内部进行袭击的可能性。8月初，在一份《总统每日简报》中，

---

① 《习近平谈治国理政》第3卷，外文出版社2020年版，第119页。

中情局重申了本·拉登一直以来要袭击美国的意图，但并未确认有具体计划。简报中这样写道："我们没有证实一些耸人听闻的威胁……比如有消息称，本·拉登想要劫持一架美国客机。"

"9·11"那一天，很明显，情报部门忽略了一些重要信息。①

这段忆述表明，由于恐怖袭击信息被描述为"耸人听闻"，而美国政府和情报界此前也从未想过或认为恐怖袭击会发生在美国本土，所以，这条信息在小布什及其幕僚的眼皮子底下"溜走"了，白宫没有下达任何预防性指令，相关部门也未采取任何防范措施。

然而，不幸的是，这条"耸人听闻"的信息在一个月之后竟真地变成了现实，最终造成2797人丧生的巨型灾难。此后，小布什得出一个重要教训——不要心存侥幸，当发现国内有人和恐怖分子联系时，宁可早早将其监禁让自己承受被指责的代价，也绝不能等到来不及时再采取行动。②

渥克指出："所有灾难的发生，不是因为之前的征兆过于隐蔽，而是因为我们的疏忽大意和应对措施不力。一些事前征兆早就明白无误地呈现在绝大多数人的面前，但他们不仅视而不见，而且不愿适时采取应对措施加以防范。"③ 保罗·哈特（Paul Hart）从认知—心理的角度指出——高估过去的成功经验；对现有政策过分自信；对披露现有政策各种缺陷的预警信息不够重视；难以辨别有效信息与杂音噪声等——都是应对"灰犀牛"事件的不利个体因素，体现在决策者身上，不仅无益于风险管理，还可能造成风险扩大、酿成危机。

至于"黑天鹅"事件，塔勒布（Nassim Nicholas Taleb）举例说明，泰坦尼克号船长史密斯在1907年曾说过："根据我所有的经验，

---

① 参见乔治·沃克·布什：《抉择时刻》，东西网译，中信出版社2011年版。
② 乔治·沃克·布什：《抉择时刻》，东西网译，中信出版社2011年版，第153页。
③ 米歇尔·渥克：《灰犀牛：如何应对大概率危机》，中信出版社2017年版，第5页。

我没有遇到任何值得一提的事故。我在整个海上生涯中只见过一次遇险的船只。我从未见过失事船只,从未处于失事的危险中,也从未陷入任何有可能演化为灾难的险境。"① 然而,1912年,泰坦尼克号沉没了,这远远超出了史密斯船长个人的经验。

经验主义者的哲学是,有怎样的前因,就有怎样的后果。每天看到同一件事情向上向好发展,就构建模型,预测未来也一定是向上向好发展的。模型应用了很多次,结果都被验证了。于是,相信了模型,也相信了模型预测的结果,直到有一天"黑天鹅"出现,彻底打破了这种"模型所见"。欧洲人在发现澳大利亚的黑天鹅之前,看到的天鹅都是白色的,理所当然地认为天鹅就是白色的,怎么可能是黑色的?火鸡被宰杀之前,自己的经验是每天被人类友好喂食。随着被友好喂食的次数增加,它的信心提升了,虽然离被宰杀的危险越来越近了,它却感到越来越安全。因此,塔勒布指出,"某件事情前1000天的历史不会告诉你1001天的任何信息"。②

"灰犀牛"和"黑天鹅"对人类社会来说,是两种不同类型的风险事件。"灰犀牛"是一种常见的危险,潜藏着巨大的势能,一旦爆发威力,将对社会造成严重破坏。但是,对"灰犀牛"事件,人们却常常无视、轻慢、忽略,以至于放任其发展,最终酿成大祸。2020年新冠肺炎疫情暴发初期,尽管获得了世界卫生组织最高级别的预警,但在较长一段时间内,并未引起相关国家足够的重视和充分的准备。据称美国国家安全委员会早在1月初就已收到分别来自美国国务院和美国国防情报局下属国家医学情报中心的报告,预测新冠肺炎疫情将蔓延至美国并可能发展成"全球大流行"。对此,"灰犀牛"一

---

① 纳西姆·尼古拉斯·塔勒布:《黑天鹅:如何应对不可预知的未来》,中信出版社2019年版,第45页。
② 纳西姆·尼古拉斯·塔勒布:《黑天鹅:如何应对不可预知的未来》,中信出版社2019年版,第41页。

定会质疑:"对于迫在眉睫的危机,我们为什么没有看见,或者看见了,为什么不采取行动?"

相比之下,"黑天鹅"是一种不可预见的危险,它超出了人们的知识范围,是一片"安全未知的领地",发生的概率很低,出现之前毫无征兆,然而,一旦发生便不可逆转,有时会对历史进程产生"旋钮式"影响,推动历史和社会从"线性缓慢爬行"转向"跳跃发展"。对此,"黑天鹅"也一定会提问:"如何构建一个反脆弱系统来面对无法预知的冲击?"

在意识形态领域,需要增强风险意识,一方面,要防范"灰犀牛",提高发现、识别"灰犀牛"事件的能力,看见应该看见的潜在危险。正如习近平总书记所强调,各级领导干部特别是高级干部要练就一双政治慧眼,不畏浮云遮望眼,能够做到"眼睛亮、见事早、行动快",积极采取有效措施及早防范风险;另一方面,要高度警惕"黑天鹅",提高系统、组织的防御力,提升遭遇意外重大风险事件的反脆弱性。

三、坚持底线思维:防范风险链传导放大

风险不是孤立存在的,南美洲热带雨林一只蝴蝶偶尔扇动几下翅膀,可能在两周后引发北美洲一场龙卷风,这就是"蝴蝶效应"。除此之外,还有"多米诺效应""海因里希法则"等众所周知的术语被用以表示风险的系统存在性及其连锁反应或关联反应。习近平总书记指出:"各种矛盾风险挑战源、各类矛盾风险挑战点是相互交织、相互作用的。如果防范不及、应对不力,就会传导、叠加、演变、升级,使小的矛盾风险挑战发展成大的矛盾风险挑战,局部的矛盾风险挑战发展成系统的矛盾风险挑战,国际上的矛盾风险挑战演变为国内的矛盾风险挑战,经济、社会、文化、生态领域的矛盾风险挑战转化为政治矛

盾风险挑战，最终危及党的执政地位、危及国家安全"。① 这一重要论述指出了风险的动态发展机理，即交织、传导、叠加、演变、升级，如果不加警惕和防范，其结果可能导致风险在空间、量级和性质上的变化，即由小变大、由局部变全局、由国际输入国内、由经济社会文化生态领域转向政治领域，最终危及国家制度和安全。

新形势下，我国面临的重大风险呈现出许多新趋势和新特点。要打好防范化解重大风险的战略主动战，应当重视"六大效应"②。一是"倒灌效应"。随着我国日益走向世界舞台中央，输入性风险日益增多，已成为影响我国安全稳定的最大外生变量。二是"合流效应"。反恐怖、反分裂、反邪教形势复杂。三是"叠加效应"。重点领域群体利益诉求引发的各种社会矛盾交织叠加，现实问题与历史问题、实际利益问题与意识形态问题、政治性问题与非政治性问题交叉感染，极易形成风险综合体。四是"联合效应"。各类风险流动性加快、关联性增强、相互借力同频共振，呈现出境内外互动、跨区域联动、跨群体聚合的新动向。五是"放大效应"。互联网日益成为各类风险的策源地、传导器、放大器，一件芝麻大的小事情可能形成舆论旋涡，一些捕风捉影的谣言传闻可能使"茶杯里的风暴"骤变为"现实社会的龙卷风"。六是"诱导效应"。一个地区发生的问题容易导致其他地区仿效。一些长期积累的深层次矛盾问题难以在短期内得到完全解决，如果持续发酵，在外部输入性风险的诱导下，就可能升级放大。

这"六大效应"是对当前我国面临的各类风险的演进机制与裂变能量进行的总体研判，并非空穴来风，而是立基于对我国阶段性发展特征的科学分析。在经济领域，我国正处于跨越"中等收入陷阱"并向高收入国家迈进的历史阶段，矛盾和风险比低收入国家迈向中等收入国家时更多，也更复杂。在国际政治领域，中国与世界的关系正在

---

① 《习近平谈治国理政》第 2 卷，外文出版社 2017 年版，第 222 页。
② 陈一新：《打好防范化解重大风险战略主动战》，《学习时报》2019 年 6 月 19 日。

发生"历史性变化",中国与世界在交往融通的过程中,利益摩擦和价值碰撞更加频繁,维护国家主权、安全和发展利益面临更多新的挑战。在思想领域,面对社会的深刻变革与深化开放,人们思想观念的独立性、差异性、多样性、多变性日益增强,主流意识形态与多样化社会思潮之间,马克思主义理论与各种非马克思主义理论之间、西方政治价值观与社会主义核心价值观之间,相互的碰撞、交锋和较量更加尖锐地、或明或暗地凸显出来。

有发展就有挑战,发展得越全面,面临的挑战就越广泛。这一具有客观必然性的人类社会发展规律,应当在各级领导干部的思想观念和工作思路上形成一种认知自觉,进而能时刻保持如履薄冰的谨慎和见叶知秋的敏锐——既能高度警惕和防范自己所负责领域内的重大风险,也能密切关注"全局性重大风险"。在具体的工作中,能够做到凡事从坏处准备,努力争取最好结果,做到有备无患、遇事不慌,牢牢把握主动权。

坚持底线思维,是打好防范和抵御风险的有准备之战的重要工作方法。1945 年,毛泽东同志在党的七大上作结论报告,在讲"准备吃亏"、准备困难时列了 17 条困难:第一条,外国大骂;第二条,国内大骂;第三条,被国民党占去几大块根据地;第四条,被国民党消灭若干万军队;第五条,伪军欢迎蒋介石;第六条,爆发内战;第七条,出了斯科比,中国变成希腊;第八条,"不承认波兰",也就是共产党的地位得不到承认;第九条,跑掉、散掉若干万党员;第十条,党内出现悲观心理、疲劳情绪;第十一条,天灾流行,赤地千里;第十二条,经济困难;第十三条,敌人兵力集中华北;第十四条,国民党实行暗杀阴谋,暗杀我们的负责同志;第十五条,党的领导机关发生意见分歧;第十六条,国际无产阶级长期不援助我们;第十七条,其他意想不到的事。他说:"许多事情是意料不到的,但是一定要想到,尤其是我们的高级负责干部要有这种精神准备,准备对付非常的困难,对付非常的不利情况。这些,我们都要透彻地想好。"邓小平同志也反复强调:"我们要把工作的基点放在出现较大的风险上,准备好对策。这样,即使出现了大的风险,天也不会塌下来。"① 习近平同志在浙江工作时曾经针对台风防御工作指出:"防台抗台所有工作都必须围绕'不死人、少伤人'这个目标来进行。在这个问题上,不要怕兴师动众,不要怕'劳民伤财',不要怕十防九空,宁可十防九空,不可万一失防。"②

对于风险,能够"认得清、想得到、管得住",把最坏的情况最全面、最透彻地考虑到,然后做最充分的工作准备,这既是我们党的历史传统、宝贵经验,也是有效的科学方法。恩格斯说:"马克思的整个世界观不是教义,而是方法。它提供的不是现成的教条,而是进一步研究的出发点和供这种研究使用的方法。"③ 坚持底线思维,就是坚持一种科学的思维方法和工作方法。越是要防风险,越是要想到最坏的结果,即使因为认知有限,存在未知的盲区,想不到最坏的结果及其发生逻辑、表现形式等诸多情况,也要做好最充分的思想和心理准备。

四、统筹工作全局:发挥舆论正面作用

舆论反映社会现实,是社会的皮肤,其力量不容小觑。"舆"在古代,最早指车,"舆人"为造车人;到春秋末期,"舆"逐渐演化为轿,"舆人"指抬轿子的人;后来,又将"舆者"称为"众也",将"舆人"的范围扩展到"普遍大众"。在这一意义上,舆论代表的是大众的言论、大众的力量。英国哲学家洛克曾指出:人们判断行为的邪正时常

---

① 习近平:《在省部级主要领导干部学习贯彻党的十八届五中全会精神专题研讨班上的讲话》,人民出版社2016年版,第40—41页。
② 习近平:《干在实处 走有前列——推进浙江新发展的思考与实践》,中共中央党校出版社2006年版,第269页。
③ 《马克思恩格斯选集》第4卷,人民出版社1995年版,第742—743页。

常依据的那些法律，可以分为三类：一是神法，二是民法，三是舆论法。舆论法的说法，表明了言论、声誉对于国家和社会行为的规范、制约、控制和影响。舆论以大众价值取向或情感态度的名义，通过褒奖或谴责的方式对国家和社会成员的言行进行规约和引导。

习近平总书记曾举过一个例子讲舆论的政治动员作用。2019年1月25日，他在主持十九届中央政治局第十二次集体学习时曾指出："陈胜、吴广起义时让人在帛上用朱砂写了'陈胜王'3个字塞到鱼肚子里，还让人学狐狸叫'大楚兴，陈胜王'，一来二去人们就相信了。这说明古人就很懂得发挥舆论的作用。"[①] 事实上，舆论在形成的过程中，会产生"滚雪球效应"。当某种意见具有一定的影响或号召力，周围持相同意见的人会逐渐认同它、丰富它，使其成为吸附、同化"分散意见"的核心。发起和引领意见的人，则被称为"意见大V"。

舆论的直接表现是意见。不过，许多时候人们并没有清晰的意见表达，而只是流露出各种情绪，通过情绪能够看出公众的倾向和态度。意见表达也好、情绪态度倾向也好，都以舆论主体对舆论客体的点赞、支持、曝光、质疑、批评等形式呈现。其中，曝光、质疑、批评对于当事主体会产生一种严重的精神心理影响，称为"舆论压力"，极端的形式是"舆论审判"，客观公正的情况是"舆论监督"。

舆论是各种观点、看法、情绪交流、汇集的结果。针对同样的事物和行为，不同的人群之间必然产生不同的看法和讨论，这种讨论和争辩在持续的互动和参与中会逐步趋同，最终，原来分散的、多样化的意见，会转变成几种主要的为人们所接受的意见。这几种主要的意见之所以能从众人的意见中脱颖而出，为人们接受，在很大程度上是因为人们在该意见所附着的文化、道德、价值层面上达成了共识。这

---

① 《习近平谈治国理政》第3卷，外文出版社2020年版，第316—317页。

就是舆论的整合功能。①

综上所述，舆论具有社会规约功能、动员功能、监督功能和整合功能，历来都是影响社会发展的重要力量。从两面看，好的舆论可以成为发展的"推进器"、民意的"晴雨表"、社会的"黏合剂"、道德的"风向标"；反之，不好的舆论可以成为民众的"迷魂汤"、社会的"分离器"、杀人的"软刀子"、动乱的"催化剂"。而在5G、大数据、云计算、物联网、人工智能等新技术不断发展的背景下，舆论裂变传播，能量急剧放大，如果把握不好将带来难以估量的危害，因此，要高度重视舆论的力量，密切关注舆论的走向，及时评估舆论产生的意识形态风险、政治安全风险，要坚持正确的导向，有效统筹各方力量推动舆论发挥正面作用。

第一，统筹网上网下。从舆论的角度来看，网络已经成为各方博弈的主战场。从国际看，美国的"棱镜"等项目在互联网上的情报收集方法、技术侵入方式、监听目标范围、活动能量和规模远远超出了世人想象。美国国防部2004年的一份研究报告指出：信息是一个战略资源——它对于国家安全的重要性不亚于政治、军事和经济力量，但尚未被认识到。在信息时代，影响力和权力将归结于谁能以鼓动公众支持利益、目的和目标的方式散布可信的信息。信息在五角大楼可以用于"从黑中最黑到白中最白的项目"。② 2018年特朗普政府发布的《美国国家安全报告》也将国家利益博弈最终归结为价值观的交锋和较量。对于这一问题，各级领导干部不能大意，更不能"务虚名而得实祸。"

从国内看，互联网技术变革不以任何人的意志为转移，将用户的"信息消费行为"转变为"信息生产行为"，互联网不仅能"生产内

---

① 参见伊丽莎白·诺尔-诺依曼：《沉默的螺旋》，董璐译，北京大学出版社2013年版，第135—137页。
② 杰拉尔德·瑟斯曼《西方如何"营销"民主》，忠华译，中信出版集团股份有限公司2015年版，第94—97页。

容",如新闻信息、观点评论、知识艺术作品、情绪情感表达等;还能"生产渠道",如网页、微博、微信、公众号、主播平台等;更能"生产社群",如粉丝团、魔兽玩家、科学松鼠会、思想共团体等。有人经营,是"搭台"的;有人网上发声,是"唱戏"的;还有人逐利,扮演"网络推手"和"网络打手",蹭热点能走流量、造谣生事可出名获利、造新闻能追求点击率、玩人设可吸引眼球等,这些往往会挑起网络热议,甚至左右突发事件舆论走向,将普通问题引向意识形态领域、引向政治领域。

对于互联网,应重点抓好内容管理,推动新闻网站、商业网站、两微一端、音视频网站等负起主体责任,应把所有从事新闻信息服务、具有媒体属性和舆论动员功能的传播平台纳入管理范围,对所有新闻信息服务和相关业务从业人员实行准入管理。与此同时,要充分挖掘、激发、汇聚网上正能量,在网络内容"供给侧"进行改革创新,切实提高网上舆论引导的能力和水平。

第二,统筹事情与舆情。近年来,有关校园安全、招生择校、医患关系、拆迁安置、涉警涉法涉诉涉访、环境污染、食品卫生、退伍军人安置、集访维权、民族宗教、国外社会运动,甚至普通网民消费维权、领导干部"读错字"等内容,常常在网上放大传播。有些尽管跟意识形态无关,但却无法忽视。舆论处于社会意识结构的表层,一般不具备理论形式,甚至难免粗俗、混乱,但是,舆论在反映客观世界时却表现得极为敏感,是现实的一面镜子,是人们对社会现象最早、最快、最直接的共同思索和看法。可以说,舆论是人们"思想的素材"或"理论萌芽的资源"。

在舆论中,看似有些声音和情绪关注的是细枝末节,但实质上却暗含着疏离、排斥、拒绝的心理能量。防范化解意识形态领域风险不能等到一个小事件不断积聚舆论能量、汇集公众心理支持,最后明确无误地变成一个大事件传导至政治领域时才去处理,必须要有"先知先觉",而不是"后知后觉"或"不知不觉"。密切关注各类突发事件的舆论走向,在舆论中鉴别公众关心的切身利益问题,收集相关政策建议,选择与舆论中"绝大多数人的共识"站在一起,将舆论声音传递到政策部门,下大气力解决好群众关心的就业、教育、社会保障、医药卫生、食品安全、安全生产、社会治安、住房市场调控等各方面工作,不断增加人民群众获得感、幸福感、安全感,才能真正地维护社会大局稳定,进而维护公共舆论秩序,维护意识形态安全。除非采取行动,否则再雄辩的理论也苍白无力,做了什么永远比说了什么更具说服力,也更能打动人。

  第三,统筹国际与国内。中国已成为全球第二大经济体,中国话题正越来越多地成为国际媒体关注的重点。国际国内联动日益加深,相互之间的边界也越来越模糊。一方面,国际问题会反射到国内,引发国内讨论,有时民间舆论的反应比政府和新闻界还快,国际媒体关于中国的报道和舆论容易被进口、内销。另一方面,国内突发事件的处置、信息发布与新闻报道,也易于被国际媒体转载传播,形成国际影响。以抗击新型冠状病毒肺炎的信息发布工作为例,国务院新闻办公室在武汉举行两场英文专题发布会,邀请相关专家和一线医护人员介绍中国抗疫经验和做法;国家卫生健康委汇编诊疗和防控方案并翻译成3个语种,分享给全球180多个国家、10多个国际和地区组织参照使用,同时,与世界卫生组织联合举办"新冠肺炎防治中国经验国际通报会"。这些国际传播举措,强调国别、语种和内容的分类化与针对性,为介绍中国抗疫进展、解读中国政策措施、分享科学防控知识、让全世界都能听到并听清中国声音发挥了重要作用。

  总体来看,在公共舆论场,对内传播工作与对外传播工作之间的区分越来越小。我们要与时俱进,避免各自为战、闭目塞听,出现"两张皮"的情况。在开展对内传播时要顾及国际影响,在开展对外传播时也要考虑国内受众的想法。在信息传播领域,要逐步超越"内外有别"的传统思维，要明确内外"无别"的是——客观新闻事实、打动人心的故事以及人类共同的道义追求；"有别"的是——国家利益、文化价值和表达方式。

五、提升处置能力：精准把握"时度效"要求

涉意识形态突发事件主要包含两种类型：一类是纯粹的理论、思想、舆论问题，发生在宣传思想文化领域。一些平台、阵地上散布、传播"煽动颠覆国家政权、推翻社会主义制度，煽动分裂国家、破坏国家统一，宣扬恐怖主义、极端主义，宣扬民族仇恨、民族歧视"等有害信息，对社会大众的国家制度观念、全社会的主流价值和共识规范造成严重威胁。另一类是由社会矛盾冲突、司法个案、民族宗教事件、重大公共卫生事件、非法集资事件、邻避事件、安全生产事故、冲击社会道德底线事件或其他敏感热点事件引发的问题，在公共舆论空间被放大，对全社会的心理秩序和公众情绪情感造成重大冲击，对党委政府的公信力造成重大伤害，对党和国家的认同产生重大影响。

从应急处置的角度来看，第一种类型比较好辨别。解决此类事件，属于宣传部门的主管领域，与党委或政府工作部门的职责交叉不多，往往能够抓早抓小，直接处理。第二种类型不太好识别，难以把握舆情演变的趋势，而且与党委或政府工作部门的职责交织在一起，在早期不方便介入，在后期介入又太晚，处置上不易把握"时度效"。

时度效是统一的整体。把握时度效的前提是把握舆论规律，而把握舆论规律的前提是实事求是，运用辩证唯物主义和历史唯物主义的分析工具，客观地而不是主观地、发展地而不是静止地、全面地而不是片面地、系统地而不是零散地、普遍联系地而不是孤立地观察现象、分析矛盾、解决问题，增强工作的原则性、系统性、预见性、创造性，克服和避免摇摆性、片面性和盲目性。

（一）把握"时",让权威发布走在社会舆论之前

时,在本义上是时间,从事物运动过程看是时势、时机,从工作规范上看是时限。在突发事件信息发布和舆论引导的工作实践中,通常包含三层意思。

第一,"第一时间"。强调处置突发事件,第一时间响应、第一时间研判、第一时间发布、第一时间解读。这一规律性认识经过近年来历次突发事件的检验,已被明确写进相关的制度规定中。2016年国务院办公厅印发的《〈关于全面推进政务公开工作的意见〉实施细则》要求:对涉及特别重大、重大突发事件的政务舆情,要快速反应,最迟要在5小时内发布权威信息,在24小时内举行新闻发布会。一些地方更明确要求,首次信息发布一般不迟于接报后1小时。2015年深圳光明新区发生渣土受纳场"12·20"特别重大滑坡事故,当地党委、政府迅速搭建指挥部、成立新闻宣传组,在事发后24小时之内召开了4场新闻发布会,平均每6小时一场。这是基于"第一时间"原则,针对公众和媒体在事发初期的"信息饥渴"需求,快速、密集、大量释放权威信息,迅速占领传播高地,压制不实报道和各类谣言的滋生蔓延,掌握舆论引导主动权。

第二,"时机选择"。突发事件舆论引导既要突出时效,也要选准时机。"明者因时而变,知者随事而制。"认清突发事件的性质和影响,评估国际舆论态势与国内舆论走向,把握社会预期和社会心态,在事件发展与处置的关键节点上,利用机会之窗、顺势而为、借力发力、重锤定音,能够达到事半功倍的传播效果。比如,重大事故调查结果出台后不晚于24小时召开新闻发布会;再如,发生重大恶性灾难事件,尽可能不在同时段渲染政绩,以免引发公众的反感和抗拒。又如,事件真相还没有完全显现,各方还存在较大争议,信息发布就不能急和抢,而要缓和稳。为了博眼球盲目判断、匆忙定论,只会弄巧成拙、

破坏政府公信力。

第三,"时限掌控"。重大突发事件的信息发布工作,往往离不开新闻发布会。新闻发布会具有权威性高、公开面广、互动性强的特点,是党委政府阐明立场态度、解释政策措施、回应公众关切的重要形式。经验表明,召开新闻发布会,一般不超过 1 小时;主发布人介绍情况,尤其是通稿发布,最好控制在 8—10 分钟,1500 字左右;发布与问答两个主要环节的时间比例一般掌握在 1∶2,底线为 1∶1。将政府要发布的信息准确精当发布,不长篇大论、自说自话、冗长拖沓,把更多的时间留给记者提问,回应媒体和公众关切,能够最大限度地在信息服务中提升舆论引导的效果。

(二)掌握"度",增强舆论引导的精准性

度,是做好突发事件舆论引导工作应当把握的一种哲学思维、科学方法和艺术层次。实践中,强调舆论引导要精准、适中、稳妥,根据事件性质、舆情热度、议题偏向、趋势发展,统筹网上网下、国内国际、大事小事、风险效果,把握基调、掌握分寸、恰当发力,避免简单粗放、事实失真、言词失当、渲染失节、迎合失态,陷入舆论引导的被动局面。

第一,是把握分寸,实事求是。权威发布要全面、客观、准确、平衡,既不能把大事说小,也不能把小事说大。个别不是一般,一般也不是个别。同样,局部不是全局,全局也不是局部。要防止以点代面、以偏概全,把个别现象说成普遍问题,把意外孤立事件上升为制度问题,把不该褒奖的渲染拔高,把应该贬抑的炒热放大。经验表明,观察舆论不从事实出发,分析舆论不从全局出发,澄清问题不用事实说话,引导舆论不将事实的本质逻辑与公众的切身利益和正确的价值导向结合起来,就难以增强可信度、说服力,也难以掌握舆论引导的主动权。

第二，把握力度，轻重适宜。突发事件舆论引导，要在政治方向、舆论导向、价值取向上立场坚定、旗帜鲜明。面对众声喧哗、杂音噪声，要积极引导人们分清是非、对错、公私、美丑、善恶，激发全社会向上向善的精神力量。对于一些格调不高、低俗不雅、与社会主义核心价值观相悖的舆论热点，应降温；对于积极向上、温暖人心、阳光美善的舆论热点，应多关注、多报道。同时，对于突发事件舆论场中的各种声音，要分类处理，弄清楚哪些是群众所思所盼、困难困惑、问题建议、模糊认知，哪些是异己力量恶意攻击、煽风点火、浑水摸鱼、渗透生事。对于前者，要允许发声、积极回应、有效引导；对于后者，要依法处置、有力批驳、有效防控。既要本着对社会负责、对人民负责的态度，依法维护舆论空间的秩序，营造风清气正的环境，也要发挥好舆论监督的作用，把权力关进制度的笼子。

第三，把握节奏，动态调整。重大突发事件往往引发舆论巨浪，波涛汹涌、人声鼎沸，向心力和离心力叠加交错。如何驾浪前行，是一个策略与技巧问题。一般来说，突发事件发生后 24 小时之内，信息发布强调"积极快攻"，即第一时间向舆论场小幅、滚动、密集投放大量权威信息，形成先入为主的首发效应。24 小时之后，要伴随事件救援处置、善后恢复、原因调查、责任分析等工作进展，结合政府关注、百姓关切和记者兴趣三方面需求，设置议题，制定口径，降低负面影响，强调"精准引导"。在事件全过程的舆论引导中，要加强报道调控，该浓墨重彩的要浓墨重彩，该淡化处理的要淡化处理，让该热的热起来、该冷的冷下去、该说的说到位。要在突发事件应对的全过程中，在配合事件处置、恢复正常生产生活秩序、平复社会心理情绪等方面，动态调整舆论引导节奏；在敏感关键议题上，既突出权威声音、又防止恶意炒作。

（三）注重"效"，提高舆论引导的质量和水平

效，是效果、实效，反映了舆论引导的内容质量、方法手段与工

作水平，体现了各级党委政府思想引领、政策主张、价值倡导的传播力和影响力，以及凝心聚力、成风化人、鼓舞士气、推动党和国家各项事业发展进步的能力。提高突发事件舆论引导成效，应从三方面下功夫。

第一，学会"读心术"。重大热点事件的舆论场，往往能看到"观点极化"的现象。比如，树立不同的"人设"，夸一个、骂一个，夸得名不副实，骂得牵强附会。仔细分析，不同"人设"是夸者和骂者设定的，既不该夸，也不该骂，是一种情绪表达和价值表达。在这种表达背后隐藏着对党委政府的"行为期待"。为此，舆论引导要深入研究不同群体的心理心态心情，领导干部更要学会"读心术"，既要了解大多数人的共同愿望，也要理解少数人的合理需求，知人知心、分类处理，该鼓劲的鼓劲，该引导的引导，该解惑的解惑，该纠偏的纠偏。

第二，注重分众传播。习近平总书记曾指出，要适应分众化、差异化的传播趋势，加快构建舆论引导新格局。全媒体传播环境下，一般化的信息不再是稀缺资源，人们的个性化需求上升，不同的人有不同的信息需求和接收特点。一套话语满足不了所有人，一个腔调也难以唱遍天下。舆论引导如果大水漫灌、千篇一律，就难以达到理想的传播效果。常态下，要精准定位受众，从用户的不同信息需求、偏好、媒介消费习惯等入手，进行信息生产的"供给侧结构性改革"，通过运用人工智能、驾驭算法、创新传播策略与路径，提升分众化信息传播、抵达与接受的效果。非常态下，能迅速将"大众"细分为不同"小众"，解决好"对谁说、说什么"的问题，以此全面提高突发事件舆论引导效果。

第三，转换话语体系。突发事件信息发布和舆论引导最忌讳照本宣科，讲官话、套话、大话、空话和文件语言。习近平总书记指出："正面宣传要用心用情做，让群众爱听爱看，不能搞假大空式的宣传，不能停留在不断重复喊空洞政治口号的套话上，不能用一个模式服务不同类型的受众，那样的宣传只会适得其反。"① 背景、细节、故事，既是公众想听的内容，也是传递主流价值观最好的载体，往往能引发公众的兴趣和思考。温度、情感、情怀，既能与公众产生共鸣，也能与公众达成共识。提升舆论引导效果，最高明的做法是春风化雨、润物细无声，对公众产生吸引力和感染力。实践表明，用平实、平等、开放、包容的心态，讲真话、讲实话，相信群众、依靠群众，对群众讲清楚"是什么""为什么""怎么看""怎么办"，不藏着掖着，接受舆论监督，不仅不会弱化舆论引导效果，反而会赢得公众的信任和支持。

总体来看，要避免各类突发事件、热点敏感事件因矛盾问题处置不当、舆论引导不及时引发社会负面情绪；要避免某些力量激化事态，制造各类次生舆情，刻意将一些孤立、意外事件或经济民生问题泛意识形态化、泛政治化，蓄意挑起舆论旋涡和意识形态事端，瓦解党委政府公信力，降低大众政治认同。对此，要保持高度警惕，既解决思想问题又解决实际问题，做好强信心、聚民心、暖人心、筑同心的工作，防范其他领域风险向意识形态领域传导。

六、塑造国家形象：有效影响国际舆论

"中国在世界上的形象很大程度上是'他塑'而非'自塑'，我们在国际上有时还处于有理说不出、说了传不开的境地，存在着信息流进流出的'逆差'、中国真实形象和西方主观印象的'反差'、软实力和硬实力的'落差'。"② 塑造国家形象关键要做好五方面的工作：一是正确面对舆论斗争，二是创新话语体系，三是有效设置议题，四是

---

① 中共中央党史和文献研究院编：《十八大以来重要文献选编》（下），中央文献出版社2018年版，第217页。

② 中共中央文献研究室编：《习近平关于社会主义文化建设论述摘编》，中央文献出版社2017年版，第212页。

加强平战转换，五是提高国际传播能力。

第一，正确面对舆论斗争。在重大热点事件、政治制度、民主人权、民族宗教、网络管理、海洋权益等问题上，境外有些媒体往往持有先入为主的立场和态度，任何一个事件，都会被置于一个有明显价值倾向的新闻框架中，以西方中心主义的视角将中国设定为对立方，造成国际社会对于中国的误读、曲解。中国是一个什么样的国家，在走一条什么样的道路，这条道路为什么能创造中国奇迹，中国的理念、思想和政策主张是什么，这些中国自己讲得最清楚，任何国际媒介都不可能比中国人更能讲清楚中国的故事。这就是一个"他塑"与"自塑"的问题。

习近平总书记指出，落后就要挨打，贫穷就要挨饿，失语就要挨骂。这一论断深刻阐明了话语权的极端重要性。在一些重要问题上，我们要敢于触碰涉华舆论热点，对涉及我国核心利益的重大问题，对西方"污名化"中国的话题，要能够单刀直入、开门见山、据理力争，用事实说明情况、揭示偏见、弥合差距。经验表明，越是存在"认知错位"，就越需要深入研究，找到对方的"假设前提"和"立足点"，用我们的价值基点和逻辑建构来驳斥。高明的舆论斗争，是用智慧争取听众[1]，目的是赢得国际社会的道义、情感和理性支持，做大统一战线。当然，这需要一个前提，即建立一套对自己有利的国际新闻话语体系，摆脱西方舆论的话语框架。

第二，创新话语体系。客观来看，在国际上有理说不清的一个重要原因，是我们的对外传播话语体系还没有建立起来。话语体系的背后是我们对于中国问题的解释和建构逻辑，而这个解释和建构逻辑的关键支撑是思想、概念、视角和框架，说到底就是中国理论。

长期以来，中国知识界注重向西方学习，做研究、找参照、定标

---

[1] 傅莹：《我的对面是你：新闻发布会背后的故事》，中信出版社2018年版，第202页。

准、做评价，都是面向西方的，逐步形成了中国与西方的简单化"二元对立思维"。中国的理论、视角、话语体系在很多情况下，被西方新闻界和学术界牵着鼻子走，常常是看齐西方、追逐西方，在回应西方的质疑中跟随西方，从而陷入为自己辩护的被动，一些"有道理"的好像"输了理"，一些"做对了"的好像"做错了"。中国知识界缺少中国本土的理论创新，大多数情况下是用西方的理论标签来审视和评估自己的制度、政策和意识形态。这些表明，在中国制度、中国意识形态的解释上能否创新出新的理论成果，形成一套融通中外、能够直击人的内心深处的话语体系至关重要。

第三，有效设置议题。议题设置往往通过突出法（salience）和选择法（selection）提高某一主题的显著度，引起公众的注意。议题的内容"设计和构造"通常会引导公众朝着某一方向思考。突出、选择、设计、构造，表现为对某一主题相关内容的取舍和对事件披露深度、广度的拿捏。

议题设置能够让具有强势国际传播体系的国家决定全球每天发生了什么，应该如何看待、如何评价。在不符合自身国家利益的情况下，其他国家的正确主张和道义声音，完全被"不存在"。美国通过其全球性新闻使美国形象和全球政策充分合法化，从而实现其软实力战略。对此，我们应充分认知，并相应加强自己的国际传播谋划，积极把国际媒体报道的"流量和流向"引导至我们设置的议题上来，引导国际舆论全面客观理性地看待中国，增强国际话语权。在统筹国际与国内方面，应进一步强化国家立场和国家利益。

第四，加强平战转换。常态传播见效缓慢，需要做长远战略考量，重"点滴影响、缓慢渗透"，侧重"讲好故事"；应急传播强调快速反应，重"直面问题、有针对性回应"，侧重"讲清事实"。常态传播的短板是策划缺乏创意、话语体系陈旧、传播方式单一；应急传播的软肋是被动澄清、主流话语传不开。为此，要在常态传播中训练议题设置能力,创新话语体系、构建立体传播矩阵和多元传播方式;在应急传播中,激活快速反应机制,不失声不失语,提高中国声音在国际媒体上的"引用率"。

常态传播要把"以中国的视角看世界"作为首要任务,一方面,要深耕国际评论,面对重大国际议题,及时发出中国声音;另一方面,要注重民间传播,用中国文化影响世界。应急传播不能轻易被西方媒体绑架,要善于跳出其设定的框架。可以说,没有常态传播的工作基础和经验,就没有应急传播的工作力度和效果;反过来,没有应急传播的工作力度和效果,常态传播塑造的国家形象也将功亏一篑。因此,在对外传播中,要增强"平战切换"的能力,增强应急应战能力。

第五,提高国际传播能力。国际舆论场的信息"表面上是自由发布、自由流动的,但终究是谁的钱多,谁就有更大的能力来发布自己的信息,谁的声音就大,能让更多的人听到。它掌握了发布网络,当然它的发言权就大,声音就高,听到的人多,它的影响就大,所以信息也有霸权"①。1996年,半岛电视台开播,成为第一个终结西方垄断中东问题解释权的卫星电视台,被称为"海湾CNN"。法国媒体指出:"实践证明,垄断是可以打破的,除了英美电视新闻,人们对其他语言节目也有实际需求"。2005年,今日俄罗斯(RT)成立,成为与BBC和CNN对垒的国际电视台,其在英国的受众仅次于半岛电视台,在美国的受众仅次于BBC。事实上,一个国家的"政策正确性"加上"行动正确性",未必就能塑造出一个"正确的媒介形象"。美伊战争,在西方媒体眼中是"盟军挺进",在半岛电视台的眼中就是"侵略进犯"。这背后是国家利益、政治制度和价值体系的作用。

一个国家的国际声誉是重要的软实力资产。在文明时代,"谁的故事更能打动人"比"谁的刀剑更锋利"具有更强的竞争优势。强化自

---

① 钱其琛:《外交十记》,世界知识出版社2003年版,第377页。

己的美名,给对手贴上污名标签,在国际舆论场争夺可信度,成为国家间利益博弈的重要方式。"创建名誉"十分重要,"破坏名誉"的杀伤力更大。对此,我们不仅应当提高警惕,更应加快战略和战术的有效防御部署和积极稳妥推进。

结束语

"天下之势不盛则衰,天下之治不进则退。"肆虐全球的新冠肺炎疫情给国际政治运行提供了新的变量,世界图景更加复杂,滚滚向前的历史遭遇逆流和暗流的阻挠,我们面临的风险挑战之严峻前所未有。

这些风险和挑战,有的来自国内,有的来自国际;有的来自经济社会领域,有的来自自然界;有些可以预测,有些不可预测;有些属于传统风险领域,有些属于新兴风险领域;有些是已知的,有些是未知的;有些在我们的应对能力之内,有些则超出了我们的经验范围。对此,我们必须以忧患意识、责任之心、谨慎之心,来警惕和防范这些风险挑战,必须以组织之力、制度之效、能力之功,应对和战胜这些风险挑战,实现国家的长治久安、人民的幸福安康、中华民族的伟大复兴。

"不忘初心,方得始终。"辛亥革命以来,中国的知识分子、勇毅志士和革命先辈,为中华之崛起,上下求索,讨论了各种主义,尝试过各种道路,终因中国共产党始终与人民站在一起,而被历史选择。中国共产党百年筚路蓝缕、栉风沐雨、砥砺奋进,带领中国人民走出漫漫长夜,走上中国特色社会主义道路,并迎来了从站起来、富起来到强起来的伟大飞跃。

这条路,找到不容易,走好更不容易!

中国有14亿多人口,每天每个角落都在进行着生机勃勃的创造,每天每个角落都可能产生大量令人忧虑的问题。这是一个发展中的国家,现代化的步伐矫健有力,现代性的孕育却异常艰巨。在新的征程上，唯有激发全党全国全社会团结奋进、上下齐心、同舟共济、攻坚克难的强大精神力量，才能真正汇聚起防范风险的合力与共谋发展的动力，而这是意识形态工作的题中之义。

中国特色社会主义进入新时代，面对许多具有新的历史特点的伟大斗争，意识形态工作也面临双重挑战：一方面要担负起本领域防范化解重大风险的责任，另一方面要肩负起举旗帜、聚民心、育新人、兴文化、展形象的使命任务。这双重挑战无比艰巨，既要进行思想交锋，又要进行思想引领；既要进行舆论斗争，也要进行舆论引导；既要进行网络治理，也要推动网络发展；既要靠雄辩的力量，也要靠事实的力量；既要靠理论的阐释，也要靠现实的支撑。

历史和现实反复证明，能否做好意识形态工作，事关党的前途命运，事关国家长治久安，事关民族凝聚力和向心力。越是面对风险挑战，越是应把意识形态工作摆在重要位置，增强忧患意识、加强组织领导，坚持底线思维、健全制度规范，创新理念方式、汇聚资源力量，提高工作能力与水平。

"沧海横流，方显英雄本色！"在新时代，我们应进一步唱响主旋律、高扬正能量、建构同心圆、强化政治认同，促进全体人民在理想信念、价值理念、道德观念上紧紧团结在一起，共同书写中华民族伟大复兴的新史诗！

后　　记

"凡事豫则立，不豫则废"，出自孔子之孙子思所著的《中庸》。这里的豫，通"预"，指事先准备。凡事有所准备就可能成功，没有准备就可能失败。这是嵌入中国传统文化血脉的常识性认知，现在已成为应急管理学科建构的重要范畴。在实践中，应急管理强调把"准备工作"贯穿系统运行的全周期，为预防灾患发生、降低损害后果提供基础性支撑。历史的教训表明，但凡无备、虚备、弱备，必殆！

意识形态是一项极端重要又极其特殊的工作领域，关涉国民的思想、精神、观念、心理、情感和认同，关乎国家的旗帜、道路和政治安全。在这个领域出现风险或隐患，由于一般不会直接造成重大人员伤亡和财产损失，往往不易引起重视；加之，在酿成重大祸端之前，其能量弱小，通常要经过一个持续累积、隐形量变的漫长过程，所以，很难被觉察。然而，致命的危害恰在于此——真正的历史大动荡所呈现的那些宏大而暴烈的场面不过是人类思想不露痕迹的变化所造成的可见后果而已。思想演化是个长期过程，但政治动荡和政权更迭却可能在一夜之间发生。一个政权的瓦解往往是从思想领域开始的，思想防线被攻破了，其他防线就很难守住。

中国是一个大国，中国共产党是一个大党。一个大党要带领大国走向世界舞台的中央，实现中华民族的伟大复兴，其前进的道路不可能一帆风顺。经济工作搞不好会出大问题，意识形态工作搞不好同样会出大问题；经济工作搞好了，意识形态搞不好也会出大问题。因此，越是承平发展的时期，越是要增强忧患意识、居安思危，防范那些可能迟滞或中断复兴进程的全局性风险；越是取得成绩的时候，越是要保持如履薄冰的谨慎，绝不能犯战略性、颠覆性错误。此乃"备豫不虞，为国常道"。

防范化解意识形态领域风险是一个崭新的课题。一方面，需要"研究扫描"的立体化。从着眼于国家长治久安的"战略全局"到着眼于意识形态安全的"工作布局"，从把握新时代党的宣传工作的"思想理念"到把握"制度建设"，从加深对公共舆论的"规律认识"到探寻政治传播的"策略方法"，从以国家利益博弈的视角审视"声誉挑战"到以国家形象为核心聚焦"话语建设"，从坚持舆论引导和网络治理的"原则要求"到提升领导干部的"专业素养与能力"，这些既是系统的实务工作，也是研究的总体对象。另一方面，需要"研究探照"的精准化。意识形态领域的风险构成要素有哪些？智能时代，来自新技术领域的风险表现形式是什么？流量经济背景下，信息生产的过度逐利对自生舆论秩序产生了怎样的冲击？社会结构变迁与传播技术演进对受众的影响（尤其是中产阶层和青年群体）在何种程度上弱化了主流价值的传播效果？意识形态安全防御体系面对重大风险挑战还应强化哪些短板？这些是高度复杂的研究命题，既需要历史学、社会学、政治学、传播学、风险管理等多学科的视角切换和思考磨砺，也需要将价值、学理和政论贯穿其中，以"观其全、致广大、尽精微"。

本书在写作过程中，虽尽力深化对意识形态安全的认识，力图用风险管理的研究框架来整合风险源、传播媒介、受众、防控能力、应急处突等分析要素，但囿于时间、识见和思维能力，一些探讨还只是初步的，有些地方也难免疏漏甚至错误，恳请读者专家批评指正！

在此，衷心感谢中共中央党校（国家行政学院）应急管理培训中心（中欧应急管理学院）的各位领导和同事，没有深沉的责任担当、没有积极的推动协调、没有集体的共识协作，就没有这套书的动议和这本书的写作。尤其感谢教管处的栩君、姜楠，他们不辞辛劳地协调、督促，推动这本书在新冠肺炎疫情期间完成初稿。李明教授、刘飞处长，对本书的写作给予了帮助，在此一并感谢。一定还有我所不知的领导和同事为成书的全过程付出了心血和辛劳，未能列出，但心中有念，致礼感谢！

感谢我爱的家人！

王 华

2020 年 9 月